自己肯定感が低い自分と上手につきあう処方箋

大嶋信頼 著

ナツメ社

いつも損な役回り……
こんな自分がいやになる

ほかにいい案ないかな？
ちょっと待てよ
「いい案」？これって「ダメな案」かも？
…
とくにないみたいだなじゃ、これで終わります
あ
今日の会議の内容を誰かに書類にしてもらわないと…
キョロ
キョロ
しーん…

さくらくん やっておいて
はい・・・
今日は 忙しいって 言えない・・・
さっ 仕事 仕事〜
ゾロ
ゾロ
コップの 片づけ・・・
スル〜
ムシ された・・・？
チラ
同期 さん・・・？

はいはい
私がやりますよ〜
ん？
あの人…コーヒー苦手だったのか…
私のこと、きっと怒っているな
あわわわわ
あのとき
どっちにしようか迷ったんだよね…
コーヒーでいっか…
コーヒー
茶
お茶にしておけばよかった…
ず〜ん

うう〜〜〜
終わらない…
ぽつん…
書類作成中
今日もなんだか
うまくいかなかったな…
なんでいつも
はあ――っ
こうなるんだろう…

まえがき

自己肯定感が低くて損をしている！　と思ったことはありませんか？

自己肯定感が低いから、損な役回りをやらされてしまう。ほかの人のようにチャンスが巡ってこない。いやなことばかり起きて、それがいつまでも頭の中から消えない。

「もし自己肯定感が人並みだったら、こんな惨《みじ》めになるはずはないのに」と、私は子どもの頃からずっと悩んできました。だから自己肯定感を上げるために勉強したり、体をきたえたりという努力をしてきて、表面的には変わったような気がするのですが、「中身がちっとも変っていない！」と自分に絶望して、さらに自己肯定感が低くなっていました。

心理学を勉強してカウンセリングの仕事に就き、自己肯定感の研究をしたときに「あ！　自己肯定感って、気持ちだけの問題じゃないんだ」とわかってきます。過去の心の傷が影響して自己肯定感が低くなってしまうことがみえてきたのです。それだけじゃなくて、目にはみえない人間関係の序列のようなものが自己肯定感を下げてしまいます。最近わかったのは、人からの嫉妬で自己肯定感は低くなるということ。「自己肯定感が低いのは自分の気持ちの問題」と思っていたのとは違って、過去の心の傷や、周囲の人たちから足をひっぱられて低くなっていた、というこれまでの常識とは違った世界がみえてきます。

この本には、自己肯定感が低くなってしまうしくみと、そこから抜け出す対処法が書かれています。抜け出す方法はさまざまで、どれも簡単な方法です。これまでの心理学の考え方とはかなり違っているかもしれませんが、実践してみると、「自己肯定感が上がってきたかも！」という感じで、本来の自分の姿に戻れるかもしれません。

第2章 自分を好きになれない心のしくみ

第3章
「考え方」の処方箋――ネガティブ思考はもうやめよう

第4章 「行動」の処方箋――やりたいことができる自分になる

第5章 「言葉」の処方箋——もう落ち込まずに生きやすくなる

第1章

こんなふうに思うのは自己肯定感が低いから？

気づくと、人にふり回されている。
頼まれると断れないし、
人間関係をうまくつくれない。
それは全部、自分のせいなんだろうなぁ。

人にふり回されてばかりいて、私ってダメだな……

乾杯～
み、みんなオシャレしてる…
はじめまして～♥
キャッ
キャッ
青山の○○ってお店が～
このお酒おいしー
この間みた△△って映画の～
あわわわ
ウーロン茶
さくらさんは好きな映画とかある？
えっと……と、とくにないです…
会話終了
話題についていけない…
ずーん…
私アレがスキ～

ってか
女 男
4対3
ぽつん…
はみだし者
これ 私 必要〜?
次の日
はぁ〜疲れたな… 会費も高かったし…
ジャー
なんか お腹の調子悪い…
さくらさん おはよー
あっ おはよう!

昨日は
なんか…あんまり
盛り上がらなかった
ね～
え
私が
いたから？
じゃね～
私の
せいかも…
ガショーン
ガショーン
ガショーン
ちょ～
さくら
さんっっ
もや
もや
コピー
1枚で
いいのよっ
何枚
やってんの
キャ～
ゴメンナサイ
はあ…
なんか
ふり回されているな私
うら紙
再利用しよ…

断れない

自分さえがまんすればいいと耐える

◆自己肯定感が低いから人の気持ちにふり回される

人といると、いつも自分の意見が言い出せず、「他人にふり回されている」ように感じることはありませんか？　自分のしたいことができなかったり、ほしくもないものをつきあいで買ってしまったり。友だちがＳＮＳを既読スルーしていることや、「いいね！」を押してくれないなんてことも、心配になりますよね。

１日中、人の気持ちが気になってビクビクしています。

「自分さえがまんすれば」と、必要以上に人に合わせ、相手の表情をみて行動するのは、一見、優しい性格のようにも思えますが、実はこれ、人の評価が気になる、自己肯定感の低い人の特徴でもあります。

しかも自己肯定感の低い人は、自己肯定感を高めることへの抵抗感が強く心に根付き、

「私がいい気になるなんて、許されないですよね。読者のみなさま、ごめんなさい。土下座しておわびします」

変わることを阻《はば》んでいます。

その一つが、「自己肯定感が高くなると、悪いことが起きる」という思い込み。「自己肯定感が高いことはいい気になることで、いい気になれば必ず足をすくわれる」などと、まるで昔話の教訓のように、心のどこかで信じているのです。

もう一つは、自己肯定感を高めて人生を楽しむことへの罪悪感。両親や周囲の人間が苦労をしているのに、自分だけが楽しんでは申し訳ないという思い込みです。

こうした思い込みにとらわれて、自分のがまんを正当化しながら、人にふり回されるつらい日々に耐えているのです。

自己否定する

自分はなんてダメな人間だと嘆く

◆自己肯定感を自分でどんどん低下させるだけ

小学生の頃、ランドセルを家に放り投げてすぐに友だちと遊びに出かけ、楽しい気分で帰ってくると、母親が怖い顔で待ちかまえていました。

「宿題をしてから遊ぶって約束したのに、どうして守れないのっ！」

しかもランドセルから出てきたのは、100点中5点のくしゃくしゃになった答案用紙。母に涙ながらにどなられて立ちすくみ、私の自己肯定感は限りなく落ちていきました。

大人になると私たちは、これと**同じことを、今度は自分自身に対して行うようになります。**これが、**自己否定**です。

たとえば、足の踏み場もなく散らかった部屋をみて、「自分はダメな奴だ」と、自己否定。「ダイエットするぞ」と、決心したのに3日後にはケーキを平らげ、「なんて意志の弱い人間なんだ」と、**ダメ出し**。自己否定するたび、自己肯定感は急降下します。

自己肯定感が低くなると、自分の姿をみるのもいやなので、鏡をじっくりとみようとも思わなくなります。鏡の中の自分が「イケてない」と思うので、人と会っても自然な笑顔がつくれなくなり、ますます暗い表情になってしまうでしょう。外見にもかまわなくなるので、さらに自分をみたくなくなるという**悪循環**に陥ります。

親に叱られた小学生のように、自分がダメだとわかっていても、ただ立ちすくみ、どんな努力をする気にもなれません。

鏡に映る自分にはダイエットに失敗した結果がありありと。鏡をみるのがいやになり、背を向けてしまう

落ち込む

過去の失敗をくり返し考える

◆失敗を思い出すのは自己否定をくり返すのと同じ

昔のことを思い出して、そのときの感情がありありとよみがえるという経験は、誰にでもあるでしょう。楽しい記憶は何度思い起こしてもいいものですが、とかく頭をよぎるのは、つらかった記憶や人に対する怒り、という人も多いのではないでしょうか。

自分の頭の中とはいえ、記憶はいったん思い出すと、自分の思いどおりにはなりません。人からバカにされたこと、失敗してみんなの前でこっぴどく叱られたことなど、忘れたつもりのできごとが生々しくよみがえってきて、当時の惨《みじ》めな思いや激しい怒りを頭の中で再体験します。

実はこれも、前に述べた自己否定と同じこと。自己否定は、一度きりの体験で終わるのではなく、後から思い出せば思い出すほど、頭の中に深く刻み込まれて、知らないう

「おい、肩がぶつかったぞ、押しのけんなよ！」と難くせをつけられたのも、自分がダメなせいだと思ってしまう

ちに自己肯定感を低下させていくのです。恐ろしいですね。

注意したいのは、失敗の記憶だけではありません。

たとえば、駅の改札口で酔っ払いに難くせをつけられたとしましょう。誰がみても、悪いのはあなたではなく、酔っ払い。けれども自己肯定感の低い人は、「なぜ自分だけがあんな思いをしなくてはいけないんだろう」と思い、「やっぱり、自分がダメ人間だからあんな目に合うんだ」と、自己否定。そして、酔っ払いをみるたびに、自分がからまれたときの記憶を思い出しては、勝手に自己肯定感を低下させていきます。

人をうらやむ

「私だってほめられたい」が本音

◆他人がほめられたのを聞くだけで息苦しくなる

小さいときから私は劣等感の塊《かたまり》で、友だちのことがうらやましくてたまりませんでした。勉強ができる友だち、運動神経がよくてスポーツ万能の友だち、話がおもしろくてクラスの人気者の友だち。一方の私は、成績は底辺をうろうろ。口下手で友だちの輪にも入れてもらえず、いつも「ダサい」と、いじめられている子どもでした。

もちろん勉強ができる友だちが、毎日きちんと予習復習をして、テストに備えて勉強していることはわかっていました。だからといって、私は「よし、自分も努力していい点をとるぞ！」とは思えず、ただ友だちを横目でみながら、「いいなあ」と思っていただけ。自己肯定感が低い私は、自分で自分を「ダメ人間」と思っているので、嫉妬を向上心に変えることができず、努力もせずに、ただ劣等感にさいなまれていたのです。

大人になって「うらやましい」という感情と向き合い、ようやく嫉妬のしくみを理解するようになりましたが、いまだにその感情を自分の中にみつけることがあります。

こうした気持ちは誰にでもあるものです。たとえば、友人に恋愛のアドバイスをした女性。友人が、「Aさん（別の人）のアドバイスが役に立った」と喜んでいたら、その話を素直に聞けないと言います。友人は彼女をけなしているわけではないのに、彼女の頭の中では、自分が否定されたように感じ、自己肯定感が急降下するのです。

不安になる

見捨てられているような気がする

◆考えれば考えるほど、不安のスパイラルにはまる

一生懸命メールを打ったのに、友だちからいつまでたっても返信がなくて、「なにか悪いこと書いちゃったかな」と、不安になったことはありませんか？　自分の書いたメールを何度も読み直してみたり、会ったときの会話を思い出して、「あのひと言が気に障ったのかな」とか、「あんなこと言うべきじゃなかった」と、相手の気持ちを勝手に想像しては、後悔の波の中に沈んだり。

自己肯定感の低い人は、**相手の評価が気になってしまうので、人から「見捨てられるのではないか」という不安でいつも心がビクビクしています。**その不安を解消しようと、さらに相手の気持ちを深読みするのですが、たいていの場合、自分に悪いようにしか解釈できず、よけいに**不安をあおる**結果になってしまいます。

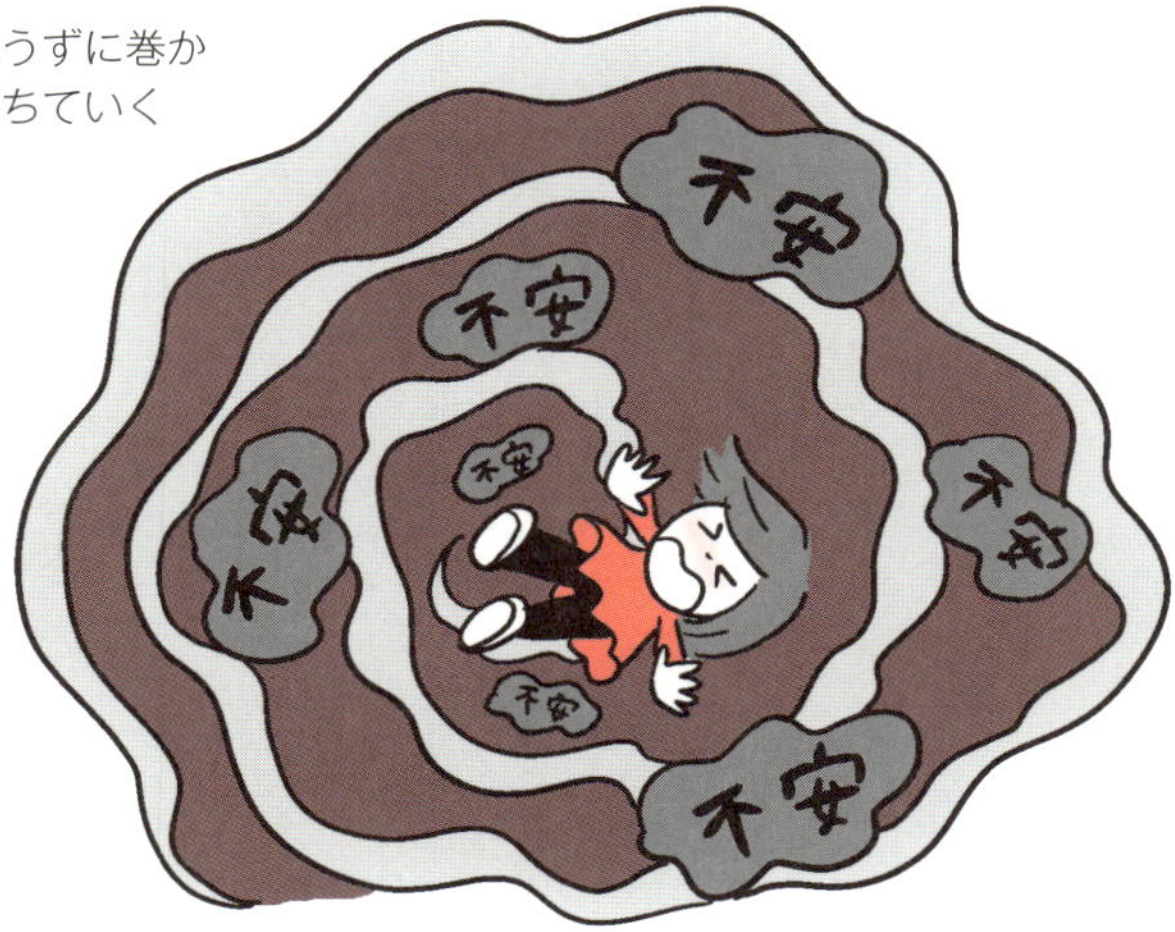
不安のうずに巻かれて落ちていく

将来への不安も、同じです。

「こうしよう！」「こうなったらいいな」と思ったとき、なぜか突如、「もしそうならなかったら？」という不安に襲われ、心配になってきます。心に生じた不安を打ち消そうと、悪いことが起きたらああしよう、こうしようと考えるものの、想像は膨《ふく》らむ一方。今にも不安で押しつぶされそうになって、アップアップしてしまうのです。

なかには人に相談することで、不安を解消しようとする人もいます。でも、相談した後で、今度は「あんなことを相談して軽蔑されたのでは」と、またもや人の気持ちを勝手に想像して、不安に……。

あきらめる

どうせできないから、やらない

◆「失敗するから、はじめからやらない」という思考パターン

小さい頃、親に「できるのに努力しない」と、言われた人は多いと思います。私もそうでした。お話ししたように、勉強ができる友だちに嫉妬しながら、自己肯定感が低かったので、「どうせ自分なんてやってもダメ」と、努力もせずあきらめていたのです。そのうえ、後になって当時のことを振り返っては、「あのとき、もっと勉強していたら」と、後悔。頭の中で自己否定をくり返しては、「できない自分」を責めていました。

「やらない」理由の一つには、「やる前から失敗が怖い」という気持ちもあります。

たとえば、営業職の女性。営業職ですから、当然、電話は必須なのに、「断られたらどうしよう」と怖くて、電話がかけられないと言います。それでもなんとか電話をして、アポイントをとり、先方に出向いたとしても、今度は「うまく話せなかったらどうしよ

う」と心配で、玄関のインターフォンを押せないのです。次から次へと自分の失敗する姿を頭の中で想像して、自分の行動をしばってしまうのですね。

ほかにも、失敗が怖くて婚活できないとか、子育てが不安で子どもがつくれないという人もいます。共通するのは、「失敗するから、はじめからやらない」という考え方。根本にあるのは低い自己肯定感ですが、それだけではありません。「失敗が怖い」「完璧でないとダメ」といった思考の「クセ」が、行動の足かせとなっているのです。

そこで次章から、こうした思考のクセを解説。処方箋を示していくことにしましょう。

電話をかけようとしても、受話器を持ったまま、思考も行動もフリーズ

コラム

いざというとき体調が悪くなる

「大事な試験やプレゼンの前になると、きまってお腹が痛くなる」という人は多いもの。脳と腸はつながっていて、脳のストレスがダイレクトに腸を刺激するという話もあります。

私も、大勢の前で話さなければならないときは、いつも緊張してお腹が痛くなります。「失敗したらどうしよう」と、ダメ出しをしては不安を増大させ、さらに具合が悪くなるのです。

腸は消化だけでなく免疫《めんえき》機能も司っていて、体の免疫細胞の約６割が腸にあるとされています。免疫とは、病原体など外界からの異物を攻撃して体を守るしくみですが、暴走すると正常な細胞まで攻撃して、アレルギー反応などを引き起こします。

おもしろいのは、この「免疫の暴走」と、「自分へのダメ出し」との共通点。正常な細胞を攻撃する免疫は、「正常な自分にダメ出しする自分」と同じではないか、と感じたのです。

人は不安を感じることで危険を回避し、自分を強化します。いわば、免疫同様、自分を守るためのしくみです。ところが、このしくみが暴走すると正常な自分にまでダメ出しをするようになり、不安感がどこまでも増大していってしまうのです。

ですから、不安が膨《ふく》らんだとき、してはならないのが、「ダメ出しする自分へのダメ出し」。これでは不安のループにはまってしまいます。

不安を感じたら、まずダメ出しをやめてみましょう。「不安という免疫が、私を守るために出てきてくれた」と、受け止めて不安をみつめてみると、緊張も緩《ゆる》んで心の暴走も止まります。

第2章

自分を好きになれない心のしくみ

自分で自分がいやになったのは、
いつからなんだろう。
考えてみれば、子どもの頃から、
私って、ダメ人間だったなぁ。

叱られつづけ、いつも寂しい子どもだった

さくら
プル
プル
なんで
やらないの
ガミガミ
勉強しなさいって
言ったでしょ
また
次の日
今日は
遊べないや…
ゴメンネ
はぁ…
とぼ
とぼ
家
よっこらせ
………

やる気がでない
ダラ
ダラ
パラ
パラ
なんでやる気にならないんだろう
あ…あの
コレ…
どれどれ
テスト
30
なっ
母
どうしてこんなにできないの!?
30点!?ウソでしょ!?
ガミ
お母さん情けないわ!!
30
…
ガミ

なんて
ダメな子
ぐさっ
なんだろう！
授業中
ダメな子
ダメな子
ダメな子
ぼぉ～
私って
ダメな子なんだ…
それから
15年後
私には
片づけなんてできない
私は
ダメ人間なんだ

自己肯定感ってなに？

自己肯定感が高い・低いとは

◆自信満々にみえる人は、実は自己肯定感が低いかも？

自己肯定感が高い人って、どんな人だと思いますか？　たとえば、会社でえらそうに部下を指示する上司？　常に最先端の知識を披露して注目を集めている若者？　確かに、自信にあふれた姿は、いかにも自己肯定感が高そうにみえますね。

でも、こんなふうに考えてみたらどうでしょうか？　えらそうにしている上司は、自己肯定感が低いので、「自分はすごいんだぞ」と、人に思われたいのかもしれません。周囲の注目を集めるおしゃれな若者は、人より優位に立つことで自己肯定感を高めようと、必死にトレンドを追っているのかもしれません。そうしてみると、**自信にあふれてみえる人が、必ずしも自己肯定感が高いとはいえない**ようにも思えてきます。

では、自己肯定感とは、いったいなんなのでしょうか？

自己肯定感とは、ひと言でいえば、今の自分を「けっこういいよね」と、受け入れることのできる感覚。謙虚さが求められる日本社会では、口にしづらい言葉ですね。

でも、自己肯定感が低いというのは、たんなる謙虚さとも違います。

たとえば、私の話をしましょう。というのも、私がまさに、「自己肯定感の低い」人間の典型だったからです。

小さい頃から、私は「自分には価値がない」と思い込んでいました。将来の夢は、「貧困の国に行って死んで埋められて肥やしになること」。自分には、肥やしになるぐらいしか価値がないと本気で思っていたのです。

ところが「価値がない」はずの自分なのに、人の評価が気になってしかたがありません。自分を批判する言葉を耳にすると、とことん落ち込み、批判した人を憎らしく思うのですが、奮起して努力しようとはしません。自己肯定感が低いので、「どうせ努力してもムダ」と思い込んでいるからです。また、人に認められたくて気をつかうのに、それが評価してもらえないと相手を恨んだり。さらに、自分のように気をつかわない人に「どうして奴らは気をつかわないんだ」と、やけに批判的になったりします。

自己肯定感の低い人は、こうしていつも人の評価が気になるので、不機嫌な人にビクビクします。「この人が不機嫌なのは、自分が悪いことをしたせいではないか」と悩んでしまうからです。ずいぶん損な役回りですね。

◆自己肯定感の高い人は人を批判しない

一方、自己肯定感の高い人といわれて思い出すのは、私がアルバイトをしていたときの先輩です。

その先輩は、仕事ができるのはもちろん、どこか人に「すごい」と感じさせるものがありました。たとえば、なにか失敗しても、恥ずかしがったり落ち込んだりすることはなく、さらりと修正して学習してしまうので、みるみるスキルアップしているのがわかります。そのうえ、仕事ができても鼻にかけたり過剰に謙遜することもないので、周囲は、その先輩に一目置きながらも、とても気持ちよく仕事ができるのです。事実、その人がいるだけで、職場の雰囲気はとても明るいものになっていました。

自己肯定感の高いその先輩といると、私自身も自己肯定感が高くなるような感覚があったのを覚えています。しかも、ふだんは人といるとあれほどビクビクしていた私なのに、彼といるときはまったく不安や後ろめたさを感じることはありませんでした。

そこで気づいたのは、私がビクビクしていた「不機嫌な人たち」は、実は、私と同じように自己肯定感の低い人たちだったということです。人を批判的な目でみるのは、自己肯定感が低いからなんですね。自己肯定感が高ければ、「自分は自分」と割り切って自分のするべきことに集中できるので、一緒にいる人も居心地よく、安心して過ごすことができるのです。

電車の中でえらそうに座っている人は、自己肯定感が高い人？

満たされない気持ちがあるから

幼少期に親からほめられていない

◆「どうしてほめられないの」から生まれる自分へのダメ出し

私は小さい頃から「自分はダメ」と思い込んでいて、なにをやってもすぐにあきらめてしまう子どもでした。友だちは、できないことにも挑戦して、どんどん新しいことができるようになっていくのに、どうして自分だけが、あれほど自分のことを「ダメ人間」と思い込んでいたのかはわかりません。

一つだけ思い当たるのは、親にほめてもらえず、「どうして自分はほめてもらえないのだろう」と考えたことが、自分へのダメ出しの始まりだったということです。

自己肯定感の低い人の中には、親にほめてもらえなかったという人が多くいます。私もそういう子どもで、なにをしても、注意や叱責された記憶しかないのです。いつも緊張して、気持ちが休まるときがありませんでした。

人は幼少期に、親が自分を守ってくれるという安心感をしっかりもつことで、自信をもって人生を歩めるようになりますが、自己肯定感が低く、いつも不安を感じている人の中には、幼い頃に親から**安心感**が得られなかった人も多いようです。幼少期からのそうした思いが、将来への漠然とした不安となって、心に巣くってしまうのでしょう。

注意してほしいのは、これは「親に愛されなかった」のではないということ。もしかしたら親は、子どもの成長を願うために厳しく接したり、子育てや日々の生活にいっぱいいっぱいで、子どもの気持ちに100パーセント答えられなかったのかもしれません。

または、子どもによっては、人より強く「ほめられたい」と思う性格だったり、もともと不安感が強かったりして、満たされない気持ちが残ってしまったのかもしれません。**必ずしも親の育て方が悪かったというわけではない**のです。

いずれにしても、ほめてもらえないという感覚から、「自分のこんなところがダメなんだ」というダメ出しが始まり、さらに友だちがほめられているのをみると、「あの子はあんなにダメなのにどうしてほめられるんだろう」という、他人へのダメ出しにつながって、人に対しても批判的な視線を送るようになってしまいます。

暗示が入れられている

本当の自分がわからなくなっている

◆親の言葉が「暗示の呪い」になる

自己啓発本などを読んで「よし、これから俺は変わるぞ！」と、決意したのに、3日もすると元の木阿弥《もくあみ》。結局、人生なにも変わらず、同じような本が積み重なっていくだけ。そんな人は多いでしょう。

人は、変わろうと思っても、そう簡単に変われるものではありません。大きな理由の一つが、知らないうちにかけられてしまう**暗示の呪い**です。呪いなどというと、おどろおどろしく聞こえるでしょうが、実際、暗示にはそれほど精神を支配する強い力があるのです。

とくに強い支配力をもつのが、親が子に与える暗示。

たとえば、私は小さい頃から、自分はなにをしても三日坊主で根気がないと思い込ん

いつもいつも親に言われ
ていたことが、すっかり
頭に刷り込まれてしまう

でいましたが、よく考えてみると、いつも親から「おまえは三日坊主でなにをしても続かないダメな奴だ」と言われつづけていたことが頭に刻まれていて、なにを始めても「根気がないからどうせ続かない」と、放り出していたことに気がつきました。

三日坊主だから叱られつづけていたのではなく、叱られつづけた結果、本当に三日坊主になってしまったのですね。それが、暗示の恐ろしいところです。

暗示によって、性格だけでなく外見も変わります。

たとえば人からいつも「ダサい」「見苦しい」と言われつづけると、鏡をみるのもいやになってきます。すると、身だしなみもかまわなくなり、本当に見苦しい姿になってしまいます。

ある女性は、とても容姿端麗であるにもかかわらず、「自分は醜い」と思い込み、暗い顔つきをしていました。話を聞いてみると、女性の母親に強い容姿コンプレックスがあり、子どもに対しても「あんたはブスだから」「眉毛の形がおかしい」などと言いつづけていたというのです。このように、母親のコンプレックスが、子どもに暗示をかけてしまうことも珍しくはありません。

◆過去の失敗が暗示になる

親の言葉でなく、過去のできごとが暗示になって心を支配するケースもあります。たとえば、「人を好きになっても、フラれて傷つくのではないか」という恐怖感が生まれ、異性と話ができなくなるという人もいます。これも、「失敗するぞ」という暗示の力。この暗示が恐ろしいのは、過去の失敗を避けたいという思いが強すぎて、なぜか同じ失敗に何度もはまってしまうことです。

ある女性は、高校の頃、緊張のあまり好きな男の子とうまく会話ができず、「つまらない奴」と思われて無視されたという経験がありました。大人になって合コンに誘われましたが、頭をよぎったのは、高校のときのつらい経験。そこで、「つまらない奴」と思われないように、数日前から、ひそかに合コンの練習をしました。映画が好きな彼女は、「男性と話すなら『ゴジラ』よりも『アナ雪』のほうがいいかな」と『アナ雪』を見直し、会話のシミュレーションをしていたのだそうです。

ところが合コン当日、彼女は、「映画が好きなんです」と言ったとたん、なぜか言葉が出てこなくなりました。「なんだっけ」と思っても、頭の中は真っ白。その瞬間、高校のときのつまらなそうな男の子の顔がよぎり、惨《みじ》めな高校生の自分に戻っていました。

これは、**心の傷**にみられる**トラウマの再上演**というもの。過去の失敗を避けようと思うほど、同じ目にあってしまうという、悪夢のような現象をいいます。

あるアメリカの研究によれば、パトカーが「こちらに来ないように」と回転灯をつけて止まっていると、なぜか運転手がそちらの方にハンドルを切って衝突してしまうことがあるのだとか。まさに、暗示の力は「呪い」にも匹敵するといえるかもしれません。

言葉にしなくても脳へ伝わる

「心配」が「否定」として伝わってしまう

◆脳は近くにいる人の脳を自動的にまねる

ある日、「片づけができない」と相談に来られた奥様がいます。子どもの頃は自分の部屋など、きちんと片づけていたそうですが、結婚してから徐々に片づけができなくなってきたとのこと。今では、家中が散らかっていて、イライラしてしかたがないと言います。よく聞くと、ご主人は、もともと片づけが嫌いで、「片づいてなくても困らない」などと言って、あちこちに物を置きっ放しにしているそうです。奥様は、「主人の部屋はあまりに散らかっているので、手が出せません」と腹立たしく感じています。

実はカウンセリングをしていると、これはときどきある相談です。

近年、イタリアの脳科学者の発見により、脳内に**ミラーニューロン**という神経細胞があって、**脳が近くにいる人の動作を自動的にまねている**ということがわかってきました。

よく、緊張している人と一緒にいるだけで緊張感が伝わってきたり、人の不安やストレスがなんとなく伝わるように感じたりすることがありますが、こうしたこともミラーニューロンによるものと考えられます。

とくによくみられるのが、母から子への**不安感の伝染**です。

あるとき、「いじめられると思うと心配で学校に行けない」という子どもが来ました。ところが、よく聞いてみると、実際にはまったくいじめられていないという話です。そこでお母さんに聞いてみると、「自分が小さい頃いじめられたので、子どももいじめられやしないかと心配でたまらない」と言うのです。ただし、そのことを子どもにはいっさい話していないとのことでした。

子どもの脳は、母親の不安を自動的に感じとります。たとえ言葉で伝えていなくても、母親のもつ不安が「うつって」しまったのでしょう。

このように、親が子どものことを「いじめられる」と思えば、子どもは自分がいじめられるように思います。「ダメな奴」と思えばダメな人間に、「三日坊主」と思えば、根気がなく、勉強も続けられない子どもになってしまう可能性があるのです。

2・6・2の法則

自分は社会の底辺だとあきらめている

◆「いつか誰かが助けてくれる」と思い込んでいる

組織論などでよく引き合いに出される2・6・2の法則をご存知でしょうか。

アリの社会では100匹いれば、よく働くのは20匹で、60匹は「働くふり」をしてあまり働かず、あとの20匹はまったく働かないといいます。そこで働かない20匹をどかしてみると、今度は80匹のうち、やはり2割程度が、まったく働かない「怠けアリ」になってしまうのだとか。つまり、一つのアリの集団は、必ず2：6：2の割合で3層に分かれているというのですね。

人間社会でも、同じようなことがみられます。

一つのクラスの中で、2割が優秀、6割は中間層、残りの2割はまったく勉強ができない劣等生たち。あるいは、会社でも同じように、2割が出世組。6割は平。残りが出世コースからはずれているという具合。

不思議なのは、底辺の２割は自分が最下層でいることを受け入れているようにみえることです。私は、ここには心理学でいう**学習性無力感**があると考えています。

たとえば、電気ショックが与えられるケージに入れられた犬は、出ようとするたび「ビリビリッ」と、電気ショックを受けます。何度も出ようとしては、ビリビリッ、ビリビリッ。何回か刺激を受けているうち、やがて抵抗しなくなり、そのうち出られる状態なのに出ようとしなくなってしまうのです。これが「学習性無力感」。

家庭や学校でいつも「ダメな奴」と言われつづけていると、子どもはがんばって自分の状況を変えようと思えなくなり、ケージの中の犬のように、「底辺の２割」でいることを受け入れてしまうのです。まさに、自己肯定感の低い人に特徴的な**あきらめのパターン**にはまってしまうわけですね。

こうした人は、自分の努力で状況から抜け出せないために、心のどこかで「誰かすごい人が来て、私を助けてくれる」と、思い込んでいます。このため、信じてはいけない人を信じて裏切られ、失望して落ち込むといった体験をくり返す人も多いのです。

ネットワーク

いったん生じたネットワークに脳が支配される

◆離れていても、常に「底辺2割の住人」のまま

脳は言葉を介さなくても直接影響を及ぼしあい、目にみえないネットワークでつながっています。たとえば家庭や学校、会社などで生まれた人間関係は、一つのネットワークをつくり上げ、互いの脳に働きかけています。

自己肯定感の低い人が注意したいのが、このネットワークの存在です。いったんネットワークができると、離れていても作用は続きます。ふと誰かのことが頭をよぎったとき、その人のネットワークにつながっています。会いたくない人がいても、1日中その人のことが頭から離れなければ、その人のネットワークにとり込まれています。

ここで、「2・6・2の法則」を思い出してください。

たとえば、自己肯定感が低い人は、底辺2割の住人です。そのネットワークとつなが

る限り、どこにいても立ち位置は変わりません。クラスで「ダメ人間」扱いされていれば、家にいようと、一人で寝ていようと、いつも「ダメな奴」。ネットワークから、トップ２割の集団の「底辺２割はダメ人間」という意識が常にインプットされつづけているので、「学習性無力感」に支配され、努力して這《は》い上がる気になれません。

こうして、自己肯定感の低い人は、同じネットワークにつながっている限り、１日中**底辺２割**のらく印とともに生きることになってしまいます。

家族にも２・６・２の法則はあてはまり、底辺にいるのは父親？

親から嫉妬されていた

自己肯定感に影響する「嫉妬の法則」とは

◆親の嫉妬で子どもの自己肯定感が低くなる

嫉妬は、自己肯定感と深く結びつく感情です。嫉妬が人の自己肯定感を低下させるだけでなく、自己肯定感の低い人自身も、常に人への強い嫉妬心を抱いているからです。

そもそも嫉妬という感情は、人からの愛情を失う孤独感や、自分の評価が下がることへの恐怖心から生まれるもの。特徴的なのは、今まで格下だと思っていた相手が自分より優れていたり、人から評価を受けるのをみると、反射的に危機感を覚え、「相手をつぶしてやろう」という破壊的行動に出てしまうということです。

意外かもしれませんが、典型的なのが、親の子どもに対する嫉妬心です。優秀な子どもに親が嫉妬して冷たい反応をみせたり、子どもが知識を披露していると、親の威厳を傷つけられたように感じて不機嫌になったり。また、社会的成功をめざす娘に、母親が

優勝トロフィーをもらっても、あまり喜んでもらえなかったのは、親が子どものときにがんばったジャンルだから？

「どうせ失敗する」と、足をひっぱるような発言をすることもあります。

子どもは、このような親からの嫉妬に出会うと「成功してはいけないんだ」「どうせ成功しない」と思い込むようになり、自己肯定感の低い人間になりがちです。

また嫉妬には、「まじめで高潔な人は嫉妬されやすい」というおもしろい法則があります。たとえどんなに正しくても、自分の正しさを人前で主張したり、誰にも相談せず一人で仕事を進めて、しかも成功したりすると、上司からの嫉妬を買います。

歴史上の偉人が、不幸な結末を迎えるのが多いのも、その例だといえるかもしれません。

孤独が怖い

誰からも相手にされない。ほしいのは愛

◆激しい怒りで不安感をマヒさせようとする

前節では、嫉妬の根本に「孤独への恐怖」があると述べましたが、人にとって孤独は、もっとも恐ろしい暗示の一つといえるでしょう。

ある女性は、親から「あなたは特別だから」と、言われて育ちました。この暗示は、「特別だから人と異なり、人からは受け入れられない」という暗示になり、やがて「受け入れられないから、自分は一生孤独な人生を歩む」という暗示になって彼女を支配していました。

「孤独は苦痛」と感じた彼女は、カウンセリングで「みんなから愛される女優の○○さんのようになりたい」と、言うのですが、実際にはその女優さんをまねている様子もありません。そこで、「まねをするのは無理なんですね？」と、言うと、突然、「どうして

無理だなんて言うの！」と、私に怒りをぶつけてきました。

実は、彼女は本気でその女優さんのようになりたいと思っていたわけではありません。私から「無理」という発言を引き出すことで、怒りをぶつける口実にしたかっただけなのです。そのメカニズムを解説すると、こんな感じです。

人は、怒ることで脳内にアドレナリンというホルモンが分泌《ぶんぴつ》されて、暗示を忘れることができます。さらに脳内では、怒りの苦痛をやわらげようと脳内麻薬**エンドルフィン**が分泌されるので、一時的に安心感を得ることができます。彼女がほしかったのは、このエンドルフィンによる安心感なんですね。

ところが、エンドルフィンは永遠ではありません。効果が切れると、今度は**怒りをぶつけた相手から見捨てられるのではないかという不安が生じ、また孤独感にさいなまれるようになります。**これが、孤独という暗示から抜け出すことのできない心が陥りやすい悪循環です。

恋人や夫婦が大喧嘩をくり返しながら別れない「腐れ縁」も、こうしたことのくり返しとみることができます。

気づいていない本音

自己肯定感の低さの裏に万能感がある

◆完璧にこだわるあまり、行動できなくなる

自己肯定感の低い人は自信がないはずなのに、心の奥になぜか「自分はすごい！」という万能感があります。一つには、人の心には**恒常性**といって、一方に揺れるともう一方に揺り返してバランスをとる作用が備わっているから。自信のなさが、逆に「すごい能力がある」という妄想のような思いをつくり出しているともいえます。

もう一つの理由は、**親の暗示**。「おまえは本当はできるのにやらない」などと言われていると、自分は完璧な子どもだから、完璧なパフォーマンスをしなければならないと思い込みます。そこで、**「完璧じゃないと意味がない」という価値観が生まれます。**

そんな暗示がなければ、失敗もただの失敗ですむのですが、最初に「完璧な子ども」という夢のような暗示が心に刻まれているので、小さなミスでも大失敗と同じ。「完璧で

なければ、生きる価値がない」とさえ感じてしまうのです。第1章でお話しした「失敗するから、初めからやらない」という思考も、こうした完璧主義から生まれるものです。

また、自己肯定感が低い人の多くは、「自分はたいした人間ではありませんから」と、人に対して謙虚な態度をみせるのですが、実は、思ったようなほめ言葉を人からかけてもらえないと、とても落ち込みます。成功か失敗、黒か白しかないので、ほめてもらえないということは、「ダメな奴」と言われたように感じてしまうからです。

髪型変えて
新しい服も買ったし
ランチ中
誰もほめてくれない
ずーん
失敗したんだ……
実は……
久しぶりに会ったので服や髪型が新しいかどうか誰もわからなかった

意識して決めつけている

正しいか間違っているかをまず考える

◆意識の「ダメ出し」が、自己肯定感を下げる

人はなにかを意識するとき、いつも「正しいか正しくないか」「良いか悪いか」という判断基準でみています。試しに、ボーっと美しい景色を眺めている自分を思い浮かべてみてください。いい雰囲気に浸っているときには、誰も「この景色は正しいか」などと考えたりしないでしょう。ただ美しいと感じるだけです。

自己肯定感の低い人は、とくに**意識**が強く働く傾向があります。このため、**他人の行動が「正しいかどうか」気になって批判的になったり、「こんなことをしたらどう思われるだろうか」と、人目を気にして自分の行動を制約したりします。**

意識が強く働きすぎていつもダメ出しをしていると、うまくできることもできなくなってしまうことがあります。たとえば、電話に出たときの受け答えが悪いと注意された

新入社員。電話を受けたら社名をきちんと言わなくてはならないと意識しすぎて、思わず自分の名前を言ってしまった、という失敗談を聞いたことがあります。

こんなふうに、人の評価や結果を意識しすぎたために、かえって失敗したという人は多いのではないでしょうか。相手に不快感を与えない会話を意識しすぎて、言葉が出てこなくなったという経験をした人もいるかもしれません。焦るだけで沈黙が続き、失敗したと落ち込んだのではないでしょうか。

多くの場合、**意識が強すぎる人には、多かれ少なかれ親の影響がみられます。**

たとえば子どもの頃、なにも考えずに行動していると、親からは「意識」で判断して決めつけられ、「あんたはだらしないんだから！」などと叱られます。親は子どもを意識するものだからです。でも、それが暗示になり、やがて子どもは、「自分はだらしない」「ちゃんとできない人間だ」と思うようになって、自分で自分にダメ出しをするようになります。さらに、自己肯定感の低い人にありがちな「完璧でなければ意味がない」という思い込みも手伝って、「意識」はほんの少しのミスも見逃さずに自分へのダメ出しを続けるので、どんどん落ち込んでいってしまいます。

コラム

日本は自己肯定感が上がりにくい社会

アメリカの大学に通っていた頃、友だちは教授をファーストネームでよび、学生と教授が対等な立場で議論していました。

当初、私は討論の輪に加われず、「誰も自分なんて相手にしない」と卑屈になりながらも、「謙虚でいれば、教授は目をかけてくれるだろう」とひそかに期待していました。ところが、成績をみてショック。教授の評価はとても低かったからです。

そのうち、クラスの雰囲気に溶け込むようになると、私も自信をもって教授と議論できるようになりました。すると新たな発見も生まれて学会発表までできるようになり、周囲からも評価されて、驚くほど自己肯定感は上がりました。

その経験から、帰国して日本企業で働きはじめた私は、会議でも臆《おく》せず発言していたのですが、あるとき、社長に意見を言ったところ、会議の場が凍りつきました。上司からは、生意気だとか、素直に言うことを聞けと諭《さと》され、「出る杭は打たれる」という日本の社会文化が身に沁みたのを覚えています。

日本でも、自己肯定感が高い人のほうが高い評価を受け、成功する確率が高いのはアメリカと同じです。異なるのは、アメリカならどんどん自己主張することで自己肯定感を上げられますが、日本では自己主張するとつぶされるということ。

このため、もともと自己肯定感の高い人はますます認められて得するのに、自己肯定感の低い人はなかなか自己肯定感を上げられず、底辺でもがきつづけることになってしまうのです。

第3章

「考え方」の処方箋——ネガティブ思考はもうやめよう

私って、いつも
「ダメ」って考えている。
自己肯定感の低い自分とつきあう
処方箋の第1は、考え方を変えること。

大事なこと

暗示に気づき、嫉妬の影響を受け流す

◆自己肯定感を下げていた「呪い」から解放される

これまで、自己肯定感の低い人の特徴や、自己肯定感を低くする心のしくみについてみてきました。そこでこの章からはいよいよ、「どうしたら自己肯定感が高くできるのか」という問いについて、具体的な処方箋を示していくことにしましょう。

まずは、「考え方」の処方箋。もっとも大事なのは、自分のネガティブな思考の「クセ」に気づいて、そこから脱却する方法を知ることです。そのために、自己肯定感を低下させる二つの要素、暗示と嫉妬について、おさらいをしておきましょう。

自己肯定感の低い人のほとんどが、幼少時からの「暗示の呪い」で身動きがとれなくなっています。抜け出すにはまず、暗示に気がつくこと。自分が「ダメ」「できない」と思っていたことが、実は、人から受けた「暗示による思い込み」だと気づくことができれば、あなたの思考や行動は自由になるはずです。

また前章で述べたように、「嫉妬」も自己肯定感の低さと密接な関係にあります。他人の嫉妬が自己肯定感を下げ、自分自身も他人に嫉妬して苦しんでいるからです。いわば、自己肯定感の低い人同士、嫉妬で足をひっぱりあっているようなもの。人からの嫉妬を受け流せるようになれば、嫉妬の影響を受けなくなり、自己肯定感が高くなって人に嫉妬することもなくなります。

その思考はストップ①

自分がどうみえているかを気にする

◆見下されているように感じる「優劣の錯覚」のワナ

電車の中で知らない女性が自分のことをちらっとみて、すぐ視線をそらせたとします。一瞬、「俺に気があるのかも」とうぬぼれた後、たいていは「変なおじさん」と思われたかな、などと勝手に思って落ち込みます。相手が男性の場合でも、「さえない奴」とバカにされたような気がして、ちょっと気分が悪くなったりします。

会社で女性社員に話すと、「別に、なんにも思ってないと思いますよ」と、さらり。すると今度は「俺って、そんなにどうでもいい存在なの？」と、自分に価値がないような気がして、さらに落ち込んだりします。

知らない人が自分のことを見下しているように感じるのは、自己肯定感が低いからだけではありません。実は、人には優劣の錯覚というものがあり、多くの人は「自分は平

そもそも、自分をみたと思うことじたい、違うのかも
チラッ

均より上」という錯覚をもっているのです。

このため、「相手の目から自分をみてみよう」とすると、相手の脳のネットワークにアクセスすることになり、「あなたは私より下！」というメッセージが伝えられてくるのです。自己肯定感の低い人は、脳のネットワークに注意、と前にお話ししましたよね。

外を歩いているときに、ショーウィンドウに映った自分の姿をみて、「姿勢が悪いな」と、背すじを伸ばすのはよいことですが、くれぐれも、知らない人の視線を感じて、「自分のことをどう思っただろう」などと考えないよう注意しましょう。

その思考はストップ②

なにげない言葉を真に受けて悩む

◆相手の感情にふり回されないようにするには

「あの人は、どんなつもりであんなことを言ったんだろう」

人と別れた後で、いつまでも気になってしかたがない、ということがあります。

「悪いことを言ったかもしれない」「私のことどう思っただろう」と、1日中、自分がどう思われているかを考え、相手の気持ちを勝手に想像しては、頭の中で堂々巡り。相手が不機嫌だったりすると、「自分が怒らせたのかも」と、すべて自分のせいにして、ますます不安になってしまうこともあります。

これは、人の気持ちを考えすぎて、相手の感情にふり回されている状態です。

多くの人は、相手がちょっと不機嫌だったり批判的態度をとったりしても、気にもとめずに受け流し、忘れてしまいます。ところが、人の言葉を真に受けるタイプの人は、相手の感情に巻き込まれがち。すると、相手のネットワークにとり込まれて、自分の頭で考えることができなくなってしまうのです。

相手は、前にお話ししたように、「優劣の錯覚」によって「自分のほうが人より上」と思っています。このため、ひとたび相手のネットワークにとり込まれると、相手と一緒になって自分にダメ出しをするようになり、相手との間に**上下関係**が生まれてしまいます。その結果、自分はなんの関係もないはずの相手の感情に対し、いつも「申し訳ありません」という気持ちにさせられて、卑屈に悩みつづけることになるのです。

相手の言葉を真に受けてしまうのも、その人の思考の**クセ**なので、簡単に変えるのは難しいかもしれません。そこで、自分が相手の言葉についてあれこれ考えはじめたときには、「あ、今、相手の考えに巻き込まれそうになってる」と、自分に警告し、「なにげなく言っているだけ」と、すぐに相手の感情から離れる努力をしてみましょう。

今の自分から脱け出すには、自分の危ない思考パターンに気づくのがなにより大事なのです。そうすれば、むやみに人の感情にふり回されることもなくなり、いつも自分の気持ちを中心にした生活が送れるようになるはずです。

その思考はストップ③

頭の中で自分にダメ出しをしてばかり

◆ダメ出し体質をやめれば、学習効果もアップ

ちょっとしたことで「あーあ、だから自分はダメなんだ！」と自分にダメ出しすることはありませんか？　一見、反省する姿勢は謙虚で好ましく思えますが、この「自分へのダメ出し」、自己肯定感の天敵でもあるのです。

実は、自分にダメ出しをしているとき、学習に必要な脳の部位は動いていません。逆に自分をほめると、この部位の働きが活発になって、学習効果が上がることがわかっています。**自己肯定感が低い人が、いつまでたってもステップアップできないのは、ダメ出しばかりして、脳が学習できなくなっているから**というわけです。

さらにダメ出しをする人には、**ダメ出し体質**のようなものがあって、次から次へとダメ出しを始めて止まらなくなることがあります。ダメ出しがクセになっているともいえ

ダメ出しをする小さい自分がいることに気づこう
!!

ます。自分で自分のあら捜しをして自己肯定感を下げ、人との差は開くばかり。また、ダメ出しのクセがあると、他人にも批判的になるので、人間関係もギスギスしがち。よいことはなにもありません。

頭の中でダメ出しをしそうになったら、「ダメ出しのクセが出てきたな」と、気づいて、即、その場でストップしましょう。それだけでムダに落ち込むこともなくなって、脳の学習効果もアップします。

また、心の中で抱いていた周囲への反感も消えるので、周りの人の態度も優しくなるかもしれません。

その思考はストップ④

自分を人と比べてくよくよする

◆「たいへんなのは、みんな同じ」という思考パターンをつくる

人は誰でも多かれ少なかれ、頭の中で他人と自分を比べて生きています。けれども、自己肯定感が低いと、「それに比べて自分は」「なんで自分だけが」などとネガティブな思いばかりが先行するので、人と自分を比べるたびに気が滅入ってしまいます。

たとえば、明るくてみんなに好かれている友だちをみると、「彼女に比べて、自分はなんて暗い性格なんだろう」と、落ち込んだり、困っている友だちにみんなが手を差し伸べていると、「どうして自分は助けてもらえないんだろう」と、いじけたり。こんな思考パターンが、ますます自己肯定感を下げてしまうのは、言うまでもありません。

人と比べて落ち込むのは、一つには、前に述べた**優劣の錯覚**により、他人に見下されているように感じるから。人の評価を意識している自分に気づいたら、すぐに気持ちを

切り替えて、相手のネットワークに巻き込まれないように注意しましょう。

もう一つの理由はダメ人間という自分の姿を、他人の（想像上の）恵まれた面と比べているから。

多くの人は、たいへんなところをみせないだけで、人知れず悩みを抱えているものです。明るい性格にみえる友だちだって、悩みを隠して明るくふるまっているのかもしれません。みんなに助けてもらっている友だちは、つらい思いをしているからこそ、周囲が手を差し伸べているはずです。人のたいへんさを考えず、恵まれたところばかりに視線を注いでいれば、うらやましいという気持ちになるのはあたりまえでしょう。

試しに、心の中で他人のたいへんさを想像し、「あの人も、たいへんなんだな」と、思ってみてください。「なんで自分だけが」とつい考えてしまうのを、「自分もたいへんだけど、あの人もたいへんなんだ」というパターンに変えてみるのです。そうすれば、人より自分がひときわ惨《みじ》めだと感じることは、無意味だと思えるでしょう。

「たいへんなのは、みんな同じ」という見方をするようになれば、周囲の人もあなたに共感し、あなたが本当にたいへんなときには、きっと手助けしてくれるはずです。

呪いの暗示を解く

暗示に気づき、別の暗示を入れる

◆親の嫉妬と心配が、子どもに強い暗示を与える

第2章では、親の言葉が子どもに強い暗示を与えるとお話ししました。実際、自己肯定感の低い人の中には、親の暗示によって「自分はダメ」と思い込んでいる人がたくさんいます。**暗示がなにより怖いのは、かかっていることに本人が気づいていないこと。**逆に言えば、暗示に気づきさえすれば、呪いから逃れることもできるわけです。

ある大企業に勤めていた女性が、やりがいのある仕事をしたいと転職を決意しました。ところが、応援してくれると思っていた母親は急に不機嫌になって、「体が弱いのに心配だ」と、転職に反対するのです。彼女は転職のための準備を始めましたが、なぜか体の具合が悪くなり、頭痛や腹痛に悩まされるように。そのたびに母親から「ほら、そんなに弱いのに、大丈夫なの」と、心配そうに言われたそうです。

面接当日の朝、彼女は起き上がれず、転職に失敗しました。

これは一見、娘が母親の「心配」という暗示にかかったようにみえますが、実はそう単純ではありません。母親の心配の裏には、嫉妬が隠れていたからです。母親は専業主婦で、彼女を愛情深く育ててくれましたが、バリバリ働きたかったという思いもあったのです。嫉妬というのは一種の動物的な発作なので、本人は気づいていません。けれども、母親から「表面上は娘を心配しながら、心の奥で嫉妬している」という矛盾したメッセージを受け、娘の心は知らないうちに混乱しています。

暗示は、人の心が混乱したときにもっともかかりやすくなるため、母親の言葉はいっそう強い暗示となって、娘の心に刻み込まれてしまったのでしょう。

彼女に嫉妬と暗示のメカニズムを説明すると、彼女は「私の不調は、母の嫉妬が原因だったんですね」と、納得し、自分の不調が気にならなくなりました。その後、彼女は再度転職にチャレンジ。今は、責任ある仕事を任されてバリバリ働いています。

「不思議なんですけど、転職したら、母は応援してくれるようになったんです」と、彼女は言います。これは、なぜでしょう。

前述のように、嫉妬は動物的な発作なので、過ぎてしまえばなにも残りません。

むしろ、娘がバリバリ仕事をするようになれば、「自分が心配したから娘が元気に働けるようになった」と、自分の嫉妬を親の責任にすり替えてしまうので、嫉妬の発作など忘れてしまいます。お母さんが娘さんの成功を喜ぶ思いは、本心に違いありません。

◆ポーズをとって、暗示から抜け出す

もう一つ、暗示から抜け出すことのできた、ちょっと変わった例です。

ある女性は、日頃から先輩や同僚に「気が利かないわね」「ドジね」と、バカにされていました。その場で言い返せない彼女は、いつも後になって言葉を思い出し、「こんなふうに言い返せばよかった」「やっぱり私ってダメなんだ」と、ネガティブな思いばかりが頭の中をぐるぐる回り、ますます不快になっていたそうです。

そこで私は、彼女に怒りのポーズを決めてくださいと言いました。すると彼女は即座に腕を組み、私をにらみつけるようにみつめました。おとなしそうな彼女ですが、本当は、いやなことを言われたら、すぐにこんなふうに怒りを表したかったのですね。

ポーズをとることに意識が向くので、怒りから心が離れる

彼女には、一人でいるときにいやなことを思い出したら、それ以上考えず、代わりにその「怒りのポーズ」をとるようにすすめました。

しばらくして彼女は、「怒りを感じなくなりました」と、報告してくれました。怒りがこみ上げたときに「怒りのポーズ」をとると、冷静になった自分に気づくというのです。

これは、**負の感情を身体的なポーズに置き換える方法**です。頭の中の不快な思考が、ポーズをとることでストップするので、いやな思いを反すうしなくなります。怒りから解かれた心は平静に戻り、ネガティブな言葉の暗示から抜け出すことができるのです。

嫉妬のせいだと気づく

気づくだけで「嫉妬の法則」から解放される

◆嫉妬の発作に気づき、通りすぎるのを待つ

前にお話ししたように、嫉妬は動物的な発作。トイレに行かない人がいないのと同じで、嫉妬しない人はいません。嫉妬することをみっともないなどと思わず、まず受け入れること。この「気づき」だけでも、気持ちはかなりラクになります。

嫉妬の発作が起きると、表情が消え、まるで能面のような顔になります。自分では、いわゆる「顔がひきつる」感じです。

ときには、嫉妬がほかの形になって表れることがあります。やけに批判的、否定的になったり、強い怒りがこみ上げてくるとき。また、相手の間違いを正そうとムキになるとき。嫉妬は破壊的になる特徴があるので、「相手との関係など壊れてもかまわない」と、感情をむき出しにする場合には、強い嫉妬心が隠れている場合が多いのです。

こんな嫉妬の発作に襲われたら、どうすればいいでしょうか。答えは、「なにもしないこと」。**無理に止めようとすると、嫉妬の感情は暴走します。**「嫉妬の発作が起きてるな」と眺めていると、いつのまにか強い感情は通りすぎて気持ちは静まっています。

本当は、嫉妬を抱いた相手に直接感情を伝えられれば、嫉妬はすぐ消えます。ただし、相手が「なんとかしてあげる」と上から目線で応じると、嫉妬したほうが見下されたと感じて、発作がひどくなってしまいます。

第三者に相談しても、同じこと。人に相談するということは、弱者を演じていることになり、相手は「たいへんだね」と言いながら、頭の中で攻撃してきます。だから、誰にも言わず放っておくのがベストなのです。

もう一つ、**効果的な方法としては、「未来の自分をイメージする」**こと。

嫉妬というのは、今の人間関係から生じる発作なので、同じ感覚が続くことはありえま

言葉と違う気持ちに、言っている人も気づいていない

せん。このため、将来を思い描き、未来の自分の脳とつながると、穏やかに今の自分を眺めることができるのです。嫉妬を感じたらぜひ、5年後、10年後、さらに遠い未来の自分をイメージし、未来の自分の脳にアクセスしてみることをおすすめします。

◆それ、自分の嫉妬ではない場合も

実は、私は経験から、こんな仮説も立てています。それは「嫉妬していると感じても、自分の嫉妬とは限らない」ということ。前にお話ししたミラーニューロンという神経細胞のせいで、誰かの嫉妬を自分の脳がまねているだけかもしれない、という仮説です。

日頃から自信がなく、自己肯定感の低い女性が「高級レストランに入ると、自分だけウエイターに見下されているような気がする」と、話してくれました。人から見下されていると感じたら、多くの場合、嫉妬が関係しています。けれどもそのとき私はふと、その嫉妬は彼女のものではないように感じました。そこで、「そういうときには、『この嫉妬は誰のもの？』と、心の中で問いかけてみてください」と、すすめました。

しばらくして彼女は、高級レストランのウエイターが自分を見下しているように感じたとき、心の中で「この嫉妬は誰のもの？」と、問いかけたそうです。すると、不思議とそのウエイターが、自分に嫉妬している姿が映し出されたと言います。

彼女は「私に嫉妬なんて」と笑いましたが、これは、ときどきあることです。ウエイターは彼女をみて勝手に幸せな女性像をつくり、嫉妬を感じてしまったのでしょう。

前にお話ししたように、**嫉妬は自分より格下の人に感じるもの**です。このため、自己肯定感が低いと、このように見知らぬ人からも嫉妬を受けてしまうことがあるのですね。

こんなときには、「私に嫉妬するなんて、よほど自己肯定感が低いのかも」と、ちょっと余裕をもって相手を眺めてみると、なぜか丁寧な態度に変わったと感じたりします。

もちろんこれは私の仮説ではありますが、嫉妬を感じたとき、「これは誰の嫉妬なの？」と、自分に問いかけてみると、意外におもしろい発見があるかもしれません。

◆マイナス思考に気づいて、プラス思考に修正する

嫉妬に限らず、ものごとをネガティブにみるマイナス思考は、自己肯定感を低下させます。人がマイナス思考に陥るのは、過去の体験から、将来や人の気持ちなどを想像し

て不安になるから。これは、知能検査でいう**言語性知能**が高い人に多くみられます。

これに対して**動作性知能**が高い人は、記憶を時間軸や自分との距離で整理することができるので、不快なシミュレーションをしても、「人は人」、「過去のことだから」と割り切って、他人の気持ちや過去のいやな記憶にふり回されることはありません。

もちろんどちらも必要な能力ですが、**言語性知能に偏っている人ほど、頭の中であれこれ想像しすぎてしまい、不安感が増大してマイナス思考になりがち**です。

また、マイナス思考の原因が、**成育環境**にある人もいます。夫婦や嫁姑などトラブルのある家庭で育つと、子どもは自分が「ダメ人間」を演じることで、家族を丸く収めようとします。こうした思考が習慣になり、大人になっても「自分がダメなほうが周囲はうまくいく」と思い込み、どこにいてもつい、ダメ人間を演じてしまうのです。

いずれにしても、マイナス思考に気づくことができれば、抜け出すことは可能です。

「言語性知能」より「動作性知能」を働かせ、「過去は過去」「人は人」と、情報を整理すれば、「今」だけに集中できるので、余計な不安はなくなります。

また、**周囲のためにダメ人間を演じている自分に気づいたら、「自分が犠牲になること**

はないんだ！」と考えられるようになり、自由に行動できるようになるはずです。

大事なのは、マイナス思考に気づくたびに自分で修正すること。そうすれば自然にプラス思考ができるようになり、自己肯定感が上がった自分に驚くでしょう。

自己を犠牲にしてでも、家族を丸く収めようとしていた。そんな悲しい子どもだった自分に気づこう

自己をイメージする

イメージすることで本来の自分をとり戻す

◆鏡に映った自分の姿を、頭の中で何度もイメージする

自分の姿をイメージできますか？　自己肯定感の低い人の中には、「自分のイメージが浮かばない」という人が数多くいます。「自分は見苦しい」と思い込み、自分から目をそらして、人のことばかり気にしているからです。

自分の姿をイメージするだけで、人の意識は驚くほど変わります。試しにやってみましょう。まず全身を鏡に映し、イメージを焼きつけます。服を着ていてもいいのですが、できればなにも身につけていない自分をしっかりみて、イメージできるようにします。

そして、電車の中や昼休みなどに、ふっと自分のイメージを思い浮かべます。すると「姿勢を直そう」とか、「食べすぎたらまずいな」と、自分の姿をよくしようという意識が現れるはず。続けていると、姿勢や食べ物に気をつかうようになるので、徐々に外見

に違いが現れます。「少しきれいになったかも」と自己肯定感もアップするでしょう。

プレゼンが苦手だという女性に、この方法を試してもらったことがあります。自分の姿が浮かばないというので、何度も鏡でイメージを目に焼きつけてもらいました。そうするうちに、彼女は、プレゼンのときの自分の姿勢が悪いことに気づきました。

姿勢を直すと声も通るようになり、みんなが聞いてくれるようになったそうです。今まで、人が聞いてくれないのは話がつまらないからだと思っていたのですが、「姿」に問題があったのですね。それに気づいた彼女は、ますます自分の姿をイメージして話すようになり、自信にあふれた話し方を身につけました。今では、「プレゼンが上手ね」と、ほめられるようになったと言います。

◆手のひらを使って「本来の自分」をイメージする

このように、鏡に映る自分の姿を意識するだけで、人は自分を変えることができます。同じように、心の中にある本来の自分をイメージすることができれば、自分が本当に望む姿に、自分を変えることも可能です。

多くの人は、現実と理想の自分にギャップがあります。現実を生きながら、「これって本当の自分じゃない」と思っている人は多いでしょう。けれども、理想の自分になるために行動が起こせないのは、理想がただのあこがれや現実逃避でしかなく、現実離れした空想だからかもしれません。

本来の自分とは、あなたが一番輝いて、イキイキした姿になれる自分です。その姿に気づくことができれば、あなたは現実と理想のはざまで悩むこともなくなるはずです。

そこで、本来の自分をみつける方法を教えましょう。

たとえば、あなたにはあこがれている人がいるのにアプローチできず、なんとなく言い寄ってきた男性とつきあっているとします。「本当はあの人が好きなんだけど」と、思いながら、「どうせ私なんか」と、思っているので、思いきった行動もできません。

そんなときはまず、右の手のひらに、あこがれの男性に告白してつきあう自分の姿をイメージ。どきどきして緊張する自分の心を感じます。次に左の手のひらに、今の彼氏と一緒にいる自分をイメージします。ときめきもなく退屈ぎみの自分の感情を実感してください。両方の感覚をしっかりイメージしたら、今度は両方の手のひらをぴったり合

最初に、理想の自分を右手にイメージ、現実の自分を左手にイメージ。次に両手を合わせてイメージ

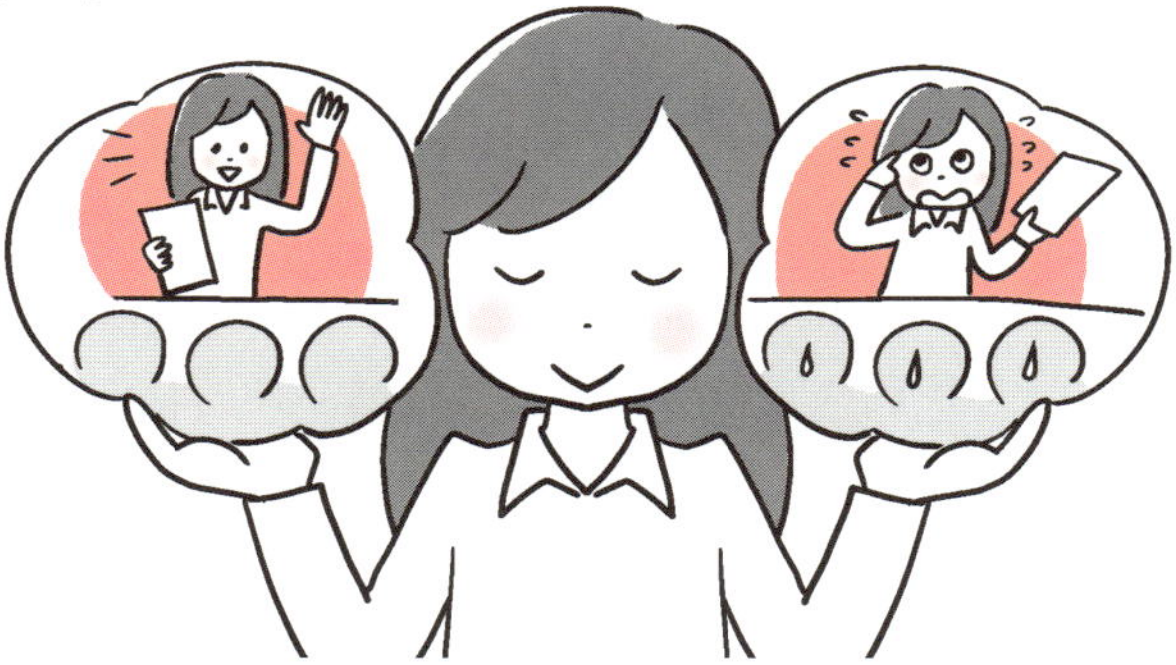

わせ、指を組んで握りしめましょう。さて、どんなイメージが湧いてくるでしょうか。

こんなとき、往々にして現れるのが、「どちらでもない自分」です。今の彼氏とはきっぱり別れ、マンネリの現実とは決別してはいるけれど、あこがれていた理想ではないことが多いのです。もっとイキイキと輝く自分が現れることがあります。たとえば、あこがれの男性とは友だちづきあいしながら、自分は自由に人生を楽しむ、そんな姿がイメージされたりします。実はその「イキイキした自分」が、**本来の自分**なのです。

このやり方は、仕事や将来の夢など、いろいろなケースで応用できます。右手に理想の

自分、左手に現実をしっかりイメージして、両手を合わせてイメージを汲みとるだけ。

今まで暗示や嫉妬に邪魔され、「どうせダメ」と、思い込まされていた本来の自分が、心の奥から浮かび上がってくるはずです。キラキラ輝く自分の姿が現れたら、それがあなたの本来の姿。埋もれていた自分をしっかりイメージして、とり戻してあげましょう。

◆アンカリングで、過去に大活躍した自分をイメージ

自信がなくて思うような結果が出ないときには、過去の自分のイメージをアンカリングとして使う方法があります。アンカリングとは、船が錨《いかり》（アンカー）をおろしてそこにとどまること。過去に自分が成功したときの感覚を「錨」として使ってイメージをとどめておき、必要なときに思い出して自己のコントロールに利用する方法です。

まず、自分が過去に大成功を収めたり、大活躍をした場面を思い浮かべてください。サッカーでゴールして喝采を浴びたとか、先生にほめられたとか、なんでもかまいません。そのシーンをできるだけリアルに思い浮かべ、高揚した感覚や達成の喜びなどを観察しながら、左手を軽く握りしめます。これが、心の錨になります。左手を握れば、あ

アンカリングを身につけよう。左手を軽く握るだけで、楽しかったシーンやうれしかったシーンがよみがえる

なたの感覚はすぐアンカーに引き戻され、大活躍したときのイメージがよみがえります。

ある男性は、商談がなかなかまとめられないことに悩んでいたのですが、学生時代、バレーボールで優勝したときの感覚をアンカリング。商談の途中で左手を握りしめると、リーダーとして粘り強くチームを率いたときの自分のイメージがよみがえり、若いときのような粘り強さでみごとに商談をまとめることができたと言います。

まさに、これがイメージのもつ力です。自己の明確なイメージをもつことが、どれほど強い力となるか、わかっていただけると思います。

ものをイメージする

最良のものを「いけにえ」にして自己を保つ

◆自分のほしいものを明確に意識に上げる

「どうせ、こんな三流の会社に就職したんだから、がんばってもムダ」

最初からやる気がない新入社員。仕事もいい加減になり、上司からの叱責も増え、ますますやる気をなくしていました。そこで、私の頭に浮かんだのが、豪華客船。尋ねてみると、旅行が好きで、いつか世界一周してみたいのだとか。

「じゃあ、豪華客船で世界一周できるような働き方をしたら?」

無謀かと思ったのですが、「100万円くらいの貯金をして、20日くらいの有休がとれるようになったら、リッチな世界一周も夢じゃないよ」という話をし、「そのためには、まず朝は定刻より15分早く出社して、やる気をみせないとね」と、一つ一つ、数字を積み上げながら説明していったのです。

すると、前のめりになって聞いていた彼女は、すっかりその気に。自分でも不思議なくらい、働くはりあいが出てきたそうです。ときどき「世界一周」とつぶやいている自分に気づいたそうですが、本当に実現させたので、周囲も驚きました。

こんなふうに、自分のほしいものをはっきりとイメージすると、自分を変える強い原動力になります。漠然と「いい暮らしがしたい」というのではダメ。家や車、旅行など、自分の欲求を明確に意識してイメージします。実現に必要な金額を具体的に計算して「こうすれば実現する」という強いメッセージを自分の意識に伝えると、それを受けた意識は、自分をその方向に動かしていってくれます。

◆押しつぶされそうなとき、最良のものをいけにえにする

学歴や対人関係、育った環境などの強い劣等感は、簡単にぬぐえるものではありませんが、やはり「イメージする力」が役に立ちます。たとえば、強い学歴コンプレックスがあるとき。大学の話になると劣等感に押しつぶされてフリーズ。言葉が発せなくなったりします。でも、そんなとき効果的なのが、いけにえのイメージです。

まず、自分が劣等感に苦しむ状況をイメージしてください。自分の足元は、底なし沼。泥の中から無数の手が出て、自分を引きずり込もうとする。こんな感じです。手は、人の嫉妬攻撃。「劣等感をもっている自分が、嫉妬の対象?」と、不思議に思うかもしれませんが、**劣等感をもつ人は弱者なので、嫉妬の法則により、嫉妬攻撃にさらされやすくなる**のです。

そこで、自分の最良のものを「いけにえ」にします。「最良のもの」とは、自分が捨てられないものです。思い出の品でも、宝石や札束でもかまいません。自分にとって最良のものを身代わりとしていけにえに置くようにイメージすると、**分身となって嫉妬攻撃を代わりに受け、あなたを守ってくれる**ようになります。するとあなたは嫉妬から解放されるので、自由になったと感じます。

嫉妬攻撃から解放されたあなたは、自分が今まで「学歴でバカにされる」というゆがんだ劣等感に苦しんでいたことに気づくでしょう。劣等感がなくなると、自信をもって人と接することができるようになり、周囲から信頼を得られるようにもなります。

底なし沼から出てくる手に、引き込まれないように、沼のふちに「いけにえ」を置こう

思考を変える①

人生の意味を求めず、今だけを考える

◆過去も未来も考えず「今」に集中する

「怖い人がいたらいやだなと思って歩いていたら、本当に街でいきなりどなられた」というように、いやな予感が的中した経験がありませんか。電車の事故を心配していたら、本当に車内に閉じ込められたり、会いたくないと思っていた人にばったり出会ったり。

悪いことを予測して対策を立てていると、未来がそのとおりになるのはよくあることです。実はこれ、「予測が当たった」というよりも、**悪いことを考えたために、自分で未来を悪いほうにつくり変えてしまった**のです。

試してほしいのは、**未来を変えないメソッド**。不安なことが心に浮かんだら、「未来を変えない」と心に念じて、あれこれ対策を練るのをストップします。「大丈夫かな」という心配グセには、「先のことはわからない」と、将来のことを考えるのをやめ、今、この瞬間だけに集中するのです。

過去の不快なできごとについても、考えないようにします。人からバカにされるなどのいやな記憶は心に深く刻まれ、「なぜ自分だけが」という思いが頭をもたげます。でも、いくら考えても過去は変わりません。変えられない過去の不快感を何度もよみがえらせることで「今」がみえなくなり、進むべき方向を見誤ってしまいます。

未来も過去も考えないようにすると、現在がはっきりみえるようになります。すると、「今の自分」に、それまでみえなかった大きな可能性が広がっていることに気がつきます。可能性を最大限に使えるようになり、未来がよい方向に変わっていくはずです。

◆人生の意味を求めない

過去や未来に意識が向く人は、自分の「人生」についても考えすぎてしまう場合があります。「これまでの人生に意味があるのだろうか」とか、「これから先、なにをするべきか」など、人生に意味を求める思いが強くなり、現在の自分を過去や未来といつも結びつけずにいられません。

ところが、このようにすべての行動に「人生の意味」を求めるようになると、ときに問題が生じます。なぜか突然、「なにをしても意味がない」という感覚に陥ってしまう人が少なくないのです。これは、意味を感じるセンサーが働かなくなって感覚がマヒし、人生になんの意味もないように感じてしまうため。ときに燃え尽き症候群とかうつ病と診断されますが、薬で治るものではありません。

こんなときによく効くのが、意味あることをしないメソッド。やり方は簡単。意味のあることをいっさいしないというだけです。

ある女性は「なにをしても意味を感じない」と言うので、このメソッドを試してもらいました。彼女には「合コンには意味がない」と言いながら、合コンに出かけてもらいました。小さな居酒屋で、見知らぬ人とどうでもいい話をしながら過ごしているうちに、なんとなく「意味はないけれども楽しい」という感覚が戻ってきました。しばらくして彼女は、「やせたいからジョギングをしたい」と思ったのですが、ジョギングは「意味がある」ので、できないことでした。ところが、がまんしているうちに、「ええい、意味があってもやりたいことはやってしまえ！」という気になって、ジョギングを始めたので

意味のないことをやろう。ショーウィンドウをボーっと眺めるのもいい

す。

すでにこのとき、意味を感じる感覚が戻っていたのです。同時に「意味がなくても、したいことをしたい」という思いも強くなっていました。意味のないことをしたおかげで、意味を感じるセンサーが働くようになったためといえるでしょう。

過去や未来、人生の意味などを考えすぎていると、今の自分を生きることができなくなってしまいます。なによりも「今」に集中することで、人生は輝くはず。ただし「意味あることをしないメソッド」をやるときは、「感覚をとり戻すため」などときっちり意味づけをしないよう注意しましょう。

思考を変える②

完璧主義をやめて、「適当でいい」に

◆負の完璧主義から脱却するには

第2章でお話ししたように、小さい頃から「おまえは、本当はやればできるのに、やらない」と言われていると、「完璧にできる」イメージが植えつけられ、「完璧でなければ意味がない」と考えるようになってしまいます。

ところが、自己肯定感の低い人にありがちなのが、「完璧にできないから、なにもしない」パターン。たとえば、完璧にそうじができないと思うと、服も片づけず散らかし放題にしたり、疲れて丁寧なメールが打てそうもないと思うと、簡単な返事ですますことができず、返信しないで放っておくなど。かえって「だらしない人間」に思われてしまうのです。

また、100点満点以外はダメだと感じてしまうので、なにをしても自信がもてず、自己肯定感は下がるばかり。「完璧にやりたい」という気持ちが逆効果になっています。

こうした負の完璧主義から脱却するキーワードは、あえて**適当にやること**です。

ある会社員の方が、「会議で役に立つ発言をしようと思うが、なかなかできない」と、悩んでいました。まじめな方だったので、いい発言をしなくてはと考えるあまり、なにも話せなくなっていたのです。そこで私が、「会議なんて、適当に話をすればいいんですよ」と言うと、彼は一瞬、きょとんとした顔で私をみつめました。

実際、会議では、全員が役に立つことばかり話しているわけではありません。新たな意見を出す人がいる横で、話を聞いているだけの人も多いのです。取締役会ならいざ知らず、普通の会議は意味のない雑談も交えながら進行していくもの。役に立つことがあるときだけ発言すればよく、後は「適当に」話していればいいのです。

「出席者のうち、何人が役に立つ話をしたか、数えたことはありますか」と聞くと、彼は「なるほど」と笑い、すっと気持ちがラクになった様子でした。

◆目の前のことだけに集中する

完璧主義の人には、もう一つ落とし穴があります。それは、視野を広げすぎること。すべてを完璧にしなければならないと思うあまり、あれもこれもと目移りして、今、自分にできる以上のことが気になってしまうのです。

どんなに有能な人でも、一度にできることには限りがあります。それなのに、人から頼まれた仕事や気になることすべてを完璧にこなそうとして、なにもできなくなってしまいます。「完璧にできない」ためになんにも手をつけることができなくなり、できない

あれもこれもやろうとしては、「完璧にできない」と落ち込んでいないか？　それは無理

自分を責めて落ち込んでいきます。

こんなときは、**あえて視野を狭めるのがカギ**。ほかの仕事が頭に浮かんでも、「目の前のことだけでいいや」と、自分に言い聞かせ、今の仕事だけに集中するのです。一つのことが完璧にこなせると自己肯定感も上がり、「よし、次はこれをやるぞ！」という気持ちが自然に湧いてくるでしょう。

適当に目の前のことだけしていると、意外にものごとがうまく流れていくようになります。完璧をめざしていたときより、はるかに効率よく仕事ができるようになっている自分に、驚くかもしれません。

思考を変える③

正しいかどうかより、楽しいかどうか

◆自分に「楽しんでる?」と、問いかける

ある女性の話です。とても正義感が強く、いつも「こうしなければならない」という価値観で行動する人でした。会社でも、自分がするべき仕事はきっちりこなし、できないときは一人でがんばって残業をするのですが、思ったように評価してもらえず、「私ばかりが損をしている」と、感じていました。

前にお話ししたように、人が善悪を判断するとき、働いているのは**意識**です。意識は人の認識に欠かせない働きですが、過剰になるといつも「正しいか正しくないか」と、すべてを批判的にみるようになってしまいます。自分に対しても厳しい目でみるようになるのでダメ出しが止まらなくなり、自己肯定感の低下にも結びつきます。

そこで彼女には、意識を休ませ「楽しいか楽しくないか」を行動の判断基準にしても

らいました。彼女は、仕事を人に任せるのは「正しくない」と思っていたのですが、「善悪でなく、自分が楽しいと感じる選択をしてください」と、お願いしたのです。

すると彼女は、「部下に任せたほうが楽しい」と、仕事を割り振るようになり、余裕のできた時間で、ほかの仕事を楽しんでこなせるようになりました。「仕事が楽しくなりました」と、明るい顔の彼女にほっとしましたが、それより驚いたのは、それからまもなく、上司が彼女の仕事を認め、昇進できたということです。あれほど一人でがんばっていたときには「誰も認めてくれない」と感じていたのに、人に任せて楽しく仕事をするようになったら評価が上がったというのも、不思議な話ですね。

もちろん、部下に任せて仕事の効率がアップしたこともあるかもしれませんが、楽しみながら仕事をしている人のほうが、往々にして人からの評価は高くなるものです。人は、「正しいか正しくないか」ばかり考えるよりも、のびのびと自分の感覚を羽ばたかせて行動したほうが輝いてみえ、能力も発揮できることが多いからです。

「一生懸命やっているのに評価してもらえないのはなぜ？」という疑問が生じたら、自分の心に「楽しんでる？」と、問いかけてみるといいかもしれません。

自分を責めない

ストレスホルモンのせいにしよう

◆ストレスホルモンのスイッチを正常にする

自己肯定感の低い人は、「根性がない」「やる気がない」と、自分を責め、「どうして自分にダメ出しをしちゃうんだろう」と、さらに落ち込みます。

実はこうした現象に関係するのが、ストレスホルモン。通常は、試験前など緊張したときに値が上昇して「よし、やるぞ！」と、やる気を高め、緊張が解けると下がって気分をリラックスさせるなど、状況に応じて体を調節してくれるホルモンです。

ところがこのホルモンのスイッチがうまく作動しないと、緊張してもやる気が出ない一方で、リラックスした頃になってホルモンの値が上がって「なんでもっとやらなかったんだろう」と、ダメ出しばかり暴走してしまいます。こんなとき、自分へのダメ出しは自己肯定感を下げるだけ。なんのプラスにもなりません。

やる気が出ない、ダメ出しばかりしている。こんなときには、すべてストレスホルモンのせいにしちゃいましょう。試験前なのにやる気が出なければ、「ストレスホルモンが出てないせいだ」と思い、試験後に「自分はダメな奴だ」と落ち込むときは「ストレスホルモンが出ているな」と、考えます。それもこれもすべて、ストレスホルモンの誤作動のせい。そう思うことで必要以上に自分を責めなくなり、気持ちがラクになるはず。するると不思議、いつのまにかストレスホルモンが正常に分泌《ぶんぴつ》されるようになるのです。

もう一つ、**呼吸でストレスホルモンを正常にする**やり方もあります。

まず、「はーっ」と、肺にある空気を口からすべて吐き、お腹の空気まで吐ききります。一気に、お腹がへこむまで吐ききったら、口を閉じて鼻から「すっ」と一瞬で息を吸い、肺全体に空気を満たします。これを6〜7回くり返すと、気持ちが落ち着いて頭の中がスッキリ。ストレスホルモンが正常になった証拠です。

この呼吸法をくり返していると、やがてなにもしなくても、ストレスホルモンのスイッチが正常に働くようになります。必要なときにホルモンが増え、不要なときは減るので、過剰なダメ出しをしなくなり、自己肯定感が上がる自分を実感できるでしょう。

コラム

ものをイメージして主観を切る

仕事や環境を変えたいと思っていても、なかなか決断がつかないことがあります。第三者に相談する人は多いのですが、本当の気持ちは自分にしかわかりません。とはいえ、いざ決断となると、「上司がいや」「なんとなく憂うつ」など、もやもやした感情が理由となっていて、なにが賢い選択なのか迷ってしまいます。

感情でものごとをみている限り、人は執着から離れることはできません。「愛憎相半《あいなか》ばする」というように、憎らしいという気持ちには、愛しいという気持ちが同じくらい入り混じっているからです。このため、いやだと思う人や場所から、なかなか逃れられず、決断を引き延ばしがちです。

そこで、客観的な決断を下す方法として「ものをイメージする」やり方があります。職場の環境を変えたいなら、職場のレイアウトをイメージしてみます。「入口から入り、右にロッカーがあり……、デスクがあって、黒いいすがあって」という具合。窓の位置、光の入り方など、細かくイメージします。人が浮かんできますが、排除せずスルーします。このイメージを５巡させると、無意識が働き、ひらめきが出るでしょう。

客観的なデータを集めると、自分が本当にしたいことが自動的にできるようになります。

ものでなく、数字を挙げるのもよい方法です。感情に流されず、最善の選択が可能になります。

第4章

「行動」の処方箋――やりたいことができる自分になる

私って、いつもがまんしている。
人にふり回されないために、
この処方箋にしたがって、
行動を変えていけばいいんだ。

大事なこと

ミラーニューロンのつながりをうまく利用する

◆「自分はこうだ!」と、決めつけず、まず行動してみる

ネガティブな思考パターンに気づいて修正できるようになったら、次は「行動」です。

キーワードは、**ミラーニューロン**。これまでもお話ししてきたように、相手の動作をまねることで活性化され、他人とのネットワークをつくる神経細胞です。

ミラーニューロンは、私たちが気づかないうちに他人とつながり、脳にさまざまな影響を及ぼしています。他人の不安や緊張感をとり込んでストレスを感じたり、ネットワークの底辺に組み込まれ、「ダメ人間」と思い込まされつづけたり。

一方、この働きを理解すれば、他人が発する有害なネットワークを遮断《しゃだん》して快適に過ごせるようになり、人間関係も改善されます。本来の自分をとり戻して、自己肯定感を高めることにもつながるでしょう。

ただし注意が必要なのは、「自分はそんな簡単に変われない」と、思い込んでいる人。**意識が強すぎると、「自分はこうだ！」と決めつけてしまい、変われることを認めようとしません。**意識はいつもダメ出しをしようと待ちかまえているので、わざと失敗させて「ほら、やっぱり変われない」と、自信を失わせたりするのです。

「行動」の処方箋は、どれも簡単なものばかりですから、「どうせダメ」と、決めつけずに、積極的に試してみてください。

頭の中にはミラーニューロン
という小さい自分がいる
他人の不幸や
ストレスをみている
他人のストレスを
頭の中に組み込んでしまい
自分がストレスを
感じたようになる

人のまねをする

自己肯定感の高い人と一緒にいる

◆あこがれの人をまねするだけで、自分が好きになる

先に、私がバイト先で出会った自己肯定感の高い先輩の話をしました。当時は「ダメ人間」だった私ですが、彼と一緒にいるだけで自己肯定感が高くなったように感じるのは不思議でした。今思えばミラーニューロンが彼をまねしたので、私の脳にいい影響を及ぼしたのでしょう。この作用を利用すると、誰でも「けっこう、いいかも」と思える自分になることができます。

たとえば、あこがれている女優さんのお化粧や服の着こなし、表情をまねしていると、「雰囲気が似てる」「きれいになったね」と、言われたりします。好きな野球選手が毎日カレーを食べていると聞き、まねして毎日カレーを食べていると、ふと似たようなしぐさをしたり、自分に自信がもてるようになったりします。おもしろいのは、一つの動作

をまねただけで、いつのまにかほかのしぐさや話し方まで似てしまうところです。

試しに、尊敬する人や魅力的だと思う人をまねしてみてください。アイドルの追っかけのように、ただ「あこがれる」のではなく、「あの人みたいになりたい」「あの人だったらどうするかな」と、考えるようにします。

尊敬する人をまねして、と言うと、「この人のここは尊敬してるけど」と、言う人がいますが、これは、要注意。なぜなら、人を批判的にみていると欠点ばかりに注意が集まり、いやなところが似てきてしまうからです。

そこで私がおすすめしているのは、「○○さんって、すげー」と、言うやり方。たとえ一面しか尊敬できないと思っても、批判的な見方はやめて、その人を丸ごと「すげー」と、単純に尊敬してしまいましょう。

はじめは違和感があっても、何度かくり返して「すげー」と言っているうちに、本当に「この人、すごいぞ」という気持ちになるはず。それがとても大事なのです。自分のミラーニューロンが活性化して、「すげー」と思ったところがどんどん似てきて自分を高めてくれます。

◆「まね」で暗示から解放され、本来の自分の力をとり戻す

カウンセラーになりたての頃、なかなかアイデアが浮かばなかったとき、指導者から「ボスだったらなんて言うと思う?」と、尋ねられたことがあります。わからなかったので、とりあえずボスのまねをしてみたら、その瞬間、まるでボスになったかのような気がして、ふだんはとても思いつかないようなアイデアがポンポン出てきました。

思えば私はそのとき、「自分は新人だから、いいアイデアなんて浮かばない」という暗示で自分をしばっていたのです。ところが、ボスのまねをしたことで**暗示から解放**され、自由な自分の発想が生まれたわけです。こんなふうに、**誰かのまねをすることは、実はたんなる「まね」ではなく、暗示を解き、本来の自分をとり戻す力もある**のです。

まねする対象は、実在の人間でなく、本や映画の主人公でもオーケー。何度も本を読み返したり、映画を観ながらストーリーを体験していると、より強い効果が得られます。

私が若い頃まねをしたのは、冒険家の植村直己《うえむらなおみ》さんです。外国語ができないのに海外に渡り、身振り手振りで仕事をもらってお金を稼いでは、山に登って冒険をしていたと

ボスのようにふんぞり返っていすに座り、たばこの煙をプハーッと吐き出してみると……

いう話に感銘し、高校の頃、ボロボロになるまで本を読み返していました。そして、生意気にも「植村さんと同じように、俺は勉強という冒険の世界に飛び込むぞ」などと思い立ち、英語もできないのにアメリカに渡り、大学に入学したのです。

植村さんは英語ができないといっても、日本の大学卒業レベル。高校の英語の成績が10段階の2だった私とはレベルが異なっていたはずですが、私は無謀にも植村さんをまねて渡米し、身振り手振りで苦労しながらも、アメリカの大学を卒業することができました。まさに植村さんをまねしたからこそ、自分の可能性を広げることができたのです。

ネットワークから離れる

新しいネットワークにつながる

◆新しいネットワークで「新たな自分」になる

「なんで勉強しなかったんだろう」「あのとき、こうしていれば」と、過去を思い出して惨《みじ》めな気分になることがあります。くよくよ考えては、「新しい自分に生まれ変わりたい」と、思うものの、なにをしても自分は今のまま。なにも変わりません。専門家には「うつ的な傾向の気質ですね」と、診断されてしまいます。

でも実はこれ、気質のせいではありません。脳は常に他人のネットワークの影響を受けています。今の自分のイメージをつくっているのは、所属するネットワークが自分に対してもっているイメージ。離れていても、いったんでき上がったネットワークは、ふと思い出したときにつながり、そのイメージに自分を補正してしまいます。

惨めな自分のイメージを捨てて「新しい自分」に生まれ変わるには、古いネットワークから離れて、新しいネットワークとつながること。不快なことを思い出したときは、即、「古いネットワークが引きずり込もうとしてるな」と、思考を遮断《しゃだん》。そうすれば、古い自分を過去のネットワークとともに捨て去ることができるのです。

新しいネットワークにつながると、新たな自分に生まれ変わることができます。

多くの人は、新しい自分になったのだから、今度は「ダメ人間」のレッテルを貼られないように気をつけようと、細心の注意を払います。けれども、ここでもなにかいやなことを言われると、「やっぱりダメか」と、再び落ち込みぎみに。これは要注意です。

なぜなら、「ダメ人間にならないように」と思ったときには、すでに「ダメ人間」という古い自分のイメージに引きずられているから。このため、またトップ2割から同じ「ダメ人間」のレッテルが貼られ、同じことをくり返してしまうのです。

なにも気負うことはありません。本来の自分で過ごしていれば、自然に高みに上れるはずです。私も、ときにふと過去のいやな思い出が頭をよぎることがあります。でも、もうそこにはけっして戻りません。なぜなら、そこは楽しくないから。自分で自分の人生を歩んでいるのに、楽しくないところにわざわざ自分から戻る必要はないのです。

「お母さん」をほめる

暗示をかけている人をほめてみる

◆嫉妬の発作を鎮めて暗示から解放される

日本では劣等生だった私ですが、アメリカでは嘘のように勉強に集中できるようになりました。これは、実家から離れてまったく違う環境に身を置いたことで、それまで受けていた「ダメ人間」という母親の暗示から、自由になったからだと考えています。

親は知らないうちに、子どもに嫉妬の呪いをかけることがあります。子どもは、嫉妬の発作で能面のように無表情な親をみて、「見捨てられるのでは」という恐れを抱き、言いなりになります。私もそうでした。まるで、じとっとした岩の下に隠れるダンゴ虫。かび臭い陰気な所なのに妙な安心感があり、抜け出すことができません。

けれども、このしくみを理解できれば、呪いを解いて自由になることは可能です。やり方は、暗示を入れている「お母さん」をほめること。もちろん母親に限らず、母親の

暗示をかけている相手をほめる。大事なのは意味をもたせず、漠然とほめること

ように、自分に嫉妬の発作を感じている人すべてに対して有効です。

　ある会社員の女性が、大胆におしゃれしたいのに、先輩から「大胆すぎる。勘違いしている」と、嫌味を言われていました。そこで、「先輩、なんかすてきですね」と、漠然とほめるようにしたのです。先輩は彼女が大胆におしゃれしていることに嫉妬していたんです。ほめられると嫉妬の発作が起きなくなるので、先輩からの暗示の呪いは解かれ、彼女は自由におしゃれを楽しめるようになりました。彼女は、先輩からあれこれ言われて辟易《へきえき》していたのですが、先輩を「母親と同じ」と考えるようになり、なにを言われても「お母

さんが心配してる」と、スルーできるようになったというのです。

またある女性は、母親を「図々しい」と感じていました。そこで「お母さんって優しい」と母親をほめつづけたところ、母親は本当に人の気持ちを思いやるようになったそうです。大事なのは、母親がなにもしていないときにほめること。すると頭の中で自分の「優しい行為」を検索するので、「私って優しい」という暗示が入りやすくなります。

◆人をほめることで、自分の心も変えられる

「相手をほめてください」と言うと、「嘘をつくのはいやだ」と言う人もいます。けれども、人は、嘘とわかるような見え透いたおせじでも、ほめられるとうれしいもの。ほめ言葉は相手の心に届いて、嫉妬の発作を鎮めてくれます。

しかもほめ言葉には、さらに大きな効用があります。それは、ほめることで、自分の気持ちも変えられること。相手のいいところに目が向くようになり、いやだと思っていた相手を認められるようになるからです。

まずい食べ物を「まずい」と言って食べていると、まずさばかりが気になって不快に

なります。同様に、人を批判的にみていると悪いところしかみえなくなり、不快感が増してきます。一方、嘘でも「すばらしい」とほめていると、なぜかほめたところに注目するようになるので、その人がよくみえてきます。すると、その人のみている世界が理解できるようになり、相手に対する不快感が消えていってしまうのです。ほめているだけで自分にかけられている暗示からも解き放たれ、相手との関係もよくなるのですから、こんなにいいことはありません。

人は誰でも、自分が一番大切。人に嫉妬するのはあたりまえで、「成功は自分のせい。失敗は人のせい」と考えます。スポーツでも、他人の活躍を嫉妬し、チームが負けると心の中で「あいつのせい」と、人を責めます。そんなとき嘘でもいいからほめ言葉を口にすると、心の中の批判的な気持ちを打ち消すことができるので、人に失敗の暗示をかけることもなくなり、いい関係を保つことができます。試合のとき、互いに声を掛けあうのには、そんな意味もあるのです。

人からの負の暗示にかからないために、また、かかったとしてもすぐ暗示から抜け出すために、「ほめる」というツールを上手に使ってみてください。

相手も自分もだます

楽しいことだけに笑顔で返事をする

◆無視と笑顔の演技を徹底する

自分を非難ばかりする上司や、家事をがんばっているのに文句ばかり言う夫など、不快な相手は世の中にたくさんいます。そんなとき使えるのがだましの演技です。

基本は、相手が不愉快なことを言ったり、攻撃的な言葉を投げかけてきたりしたら、無視すること。逆に友好的な態度になったら、満面の笑みで対応します。

犬を飼っている方なら、「犬のしつけか」とおわかりでしょう。犬は、悪いことをしたとき飼い主が感情的になると、一緒に遊んでいると勘違いして、しつけになりません。無視がベスト。いいことをしたらほめ、ごほうびで報いてあげるのです。

たとえば、ある女性。夫がお金の使い方に異常に細かいことにいら立っていました。毎晩、妻にレシートを持ってこさせ、「ムダ」「もったいない」と、文句を言うのです。

そこで、彼女には、夫が文句を言ったときに言い返さず、無視するようにすすめました。「こんな本、読まないクセに」などと言われても、いっさい無視。嫌味を言ったり、料理の文句を言ったりしても、完全に無反応を続けました。

するとある日、彼女が花瓶に花を生けたところ、いつもなら「ムダだ」と怒るのに、「きれいだね」とつぶやいたので、彼女はとびきりの笑顔で、夫に微笑みかけました。

やがて、いつのまにか夫は愚痴を言わなくなり、穏やかになっていったと言います。

ただし、この演技を続けていると、相手が突然怒りをぶつけてくることがあります。これは「テスティング」といって、「相手が信用できるかどうか」試す行為。犬が仰向けになってお腹をみせるのと同じです。このときには、**無視したり怒ったりせず、優しく「私はあなたの味方よ」というメッセージを送って、相手を安心させましょう。**

先ほどの夫婦は、しばらく穏やかな関係が続いていましたが、ある日突然、夫が「誰が働いていると思ってるんだ！」と、怒りを爆発させました。テスティングだと気づいた彼女は、即座にうつむいてゆっくり10数え、涙をぬぐいながら（演技です）、「そうね、あなたのために、がんばるわ」と、ひと言。夫は優しい表情に戻り、それから怒ることもなくなったといいます。

実はこの演技のテクニック、相手をだましているようで、自分自身もだましていま す。というのは、相手のいいところを演技でほめているうちに、自分も暗示にかかって、相手がいい人にみえてくるのです。これは、前節でお話しした、ほめ言葉の効用と同じからくりです。

◆意見を言う前に「〇〇さんがおっしゃったように」とつける

私も以前、この演技で上司との関係を改善したことがあります。その上司は「基本ができてない」「ダメな奴だ」と、なにかにつけて私を批判。私は呪いの暗示を入れられ、本を読んでも頭に入らず、夜も眠れずに、ますます仕事ができなくなっていました。

そこで思いついたのが、この演技。上司が文句を言ったら無視。ちょっとでも肯定的なことを言ったら顔を上げ、大げさに笑みを浮かべてうなずくようにしたのです。すると不思議なことに、上司は会議で私の意見を求めるようになりました。

そのとき、私はもう一つのテクニックを使いました。発言に必ず「〇〇さんがおっし

やったように」という言葉をつけ加えるのです。上司は、自分の発言を全部覚えていないので、そう言われると、その意見を採用してしまいます。そして私は、その意見が通って**成功すると、「○○さんのおかげで」と、必ずつけて話します。**すると、上司の態度が変わって、私を信頼するようになり、批判されることもなくなりました。

このように、不快な相手からの暗示には、演技での「だまし」が効果的です。相手の暗示をとり払うとともに、自分も悪い暗示から抜け出して自由な自分をとり戻します。

どうしてこんなことも
できないんだ!
最近は営業成績が
上がったな

自分をランクづけする

想像よりランクが低くないとわかる

◆正しくランクを測り、それにみあった行動をする

会社にいると、リーダーシップのある人やさぼりがちな人など、明らかに人の能力に差があることがわかります。けれども、私は小さい頃から「人はみな平等」と言って育てられていたので、人をランクづけすることに罪悪感があり、漠然と「みんな能力があるはず」と考えていました。そして、自分はいつもダメな奴だと思っていたのです。

けれども、あまりに自己肯定感が低くなってしまったとき「えい、みんなをランクづけしてやれ！」と、思い立ちました。そして、片っ端から仲間を能力順に並べたのです。すると驚いたことに、自分は上司とタイの1位。傲慢かとも思いましたが、そのランクを胸に出社すると、弱気だった自分が消えて、自信にあふれた人間になっていました。

しかも、それまではできない人を軽蔑するような気持ちがあったのに、自分がトップ

だと意識すると、そんな気持ちはなくなります。自己肯定感が上がったので、人を見下さなくなったのですね。一方、下の人ががんばっているのをみると、「自分も抜かれないようにがんばらなくては」と、やる気が湧いてくるのです。

こんなこともありました。一人でタクシーに乗ったときのこと。そのときの運転手さんは、行先を告げた私に「はい」と言ったきり無言で走り出しました。私は「黙っていたら悪いかな」と気をつかい、あれこれ話しはじめました。「今日は道、混んでいますか」から「運転手さんになって何年ですか」など、話題をみつけるのにも苦労しました。ところが運転手さんは、どんどん態度がぞんざいになり、降りるとき、私は「そんなに無理に話をしなくてもいいのに」とぶっきらぼうに、言われてしまったのです。

私はお客の立場。それなのに、運転手さんにいらぬ気をつかい、自分で自分のランクを下げていたのです。ただ疲れきった自分がそこにいました。

自分のランクを正しく測り、それにみあった行動ができないと、勝手にランクが下げられてしまいます。試しに自分で自分をランクづけしてみましょう。意外にランクが高いことに気づき、自己肯定感を上げることができるはずです。

失敗を書き出す

それでも生きてこられたと自信がつく

◆心の傷をみつめると、自分への見方が変わる

触れられたくない心の傷は、誰にでもあります。でも、あえてそれを思い出して書き出すことで、自己肯定感を上げることができます。

何度も言うように私は、小学生の頃勉強ができませんでした。思い出すのは、教室で音読をしてみんなに笑われたとき。先生もかばってくれないので悲しくなって教室を飛び出し、泣きながら誰もいない家に帰り、一人押し入れで泣いていました。やがて仕事から戻った母親が、先生からの電話を受ける声が聞こえました。そして、いきなり暗闇から引きずり出された私は、往復ビンタをくらったのです。「ごめんなさい」と、謝ると、「謝るならどうしてそんなことするの」と、さらに頬をつねられました。

まもなく父親が帰宅すると、鬼のような形相で叱られ、柔道技で床にたたきつけられ

ました。呼吸ができずにのたうちまわっていると、「男なら泣くな」とどなられ、立ち上がったところをまた床にたたきつけられたのです。隣の部屋にいる母も、黙っています。振り返ると、「よく耐えたな」という気持ちになります。そして、惨《みじ》めな自分にとって、せめてもの抵抗が「勉強しないこと」だったのだとわかるのです。すると「俺、よくがんばったじゃん！」と、自己肯定感が上がった自分に気づきます。

自己肯定感が低いのは、無意識に自分の弱点を守っているからです。過去の恥や心の傷を書き出してみると、弱点だと思っていたものが違ってみえるようになり、自分への見方が変わるのです。ポイントは、高くしたいと思う自己肯定感を一つに絞り、それに関連する心の傷を思い出して書き出すこと。たとえば「人づきあい」で自信をもちたいと思うなら、人とつきあうなかで受けた心の傷を書き出します。書いていると当時の感情がよみがえってきて、つらい気持ちになりますが、それは生みの苦しみ。また、怒りを感じると自分の弱点から目を背けることになるので注意しましょう。

みたくもなかった心の傷を書き上げてみると、「よくやってきたな」と、自分をほめたくなります。今までがんばって生きてきた自分を、誇らしく思うに違いありません。

バケットリストを書く

死ぬまでにやりたいことを10個挙げる

◆本当にやりたいことをみつけて達成していく

バケットリストとは、死ぬまでにやっておきたいことのリストのこと。映画などでもみかける言葉なので、ご存知の方も多いでしょう。

「死ぬまでに」と言うと、若い人にはピンと来ないかもしれませんが、私はむしろ、若い人こそバケットリストを書き出してほしいと思います。リストをつくると、自分が本当に求めているものが明確になり、やるべきことがみえてくるからです。

まず、今の自分の状況などすべて忘れて、自分が死ぬまでに、または定年までにしてみたいことを10個、書き出してみます。お金があるかないかなどの実現性は無視。頭の中だけでなく、実際に紙に書き出して眺めることが大切です。

たとえば、「有名な三ツ星レストランのディナーに行ってみる」「腹筋を割る」のよう

あなたが死ぬまでにやりたいことはなんだろう。10個挙げてみよう

に、ちょっとがんばればできるものから、「１億円ためる」「宇宙旅行」のような夢まで。なんでもかまいません。

リストの中に仕事に関連するものがなければ、今すぐ転職をする必要はないでしょうね。一方で、「途上国の恵まれない子どもを支援する」のような項目を挙げたとしたら、そういう活動をしている企業やＮＰＯなどにアンテナを張るようにすると、自分の方向性がみえてくるかもしれません。

人生100年などといっても、実際に人が好きなことをできる時間はごくわずか。今すぐバケットリストをつくり、本当にやりたいことを、一つずつ達成していきましょう。

生活を変える①

一人でも、おいしいものを食べる

◆いいものを食べると、心も元気になる

働きはじめた頃、上司が食事に誘ってくれました。この上司は、ほかの人をいつも高級焼肉店に連れていくのを知っていたので期待していたのですが、連れていかれたのは安い居酒屋。自分はその程度にしかみられていないのかと、とてもがっかりしました。何年かして仕事で認められるようになると、上司が高級店に連れていってくれるようになりました。おいしい焼肉を食べながら、とても幸せな気分になったものです。

食べるものは、人の感覚に直接働きます。あるとき食事代わりにポテトチップスを1袋食べるとなぜかすさんだ気持ちになり、カップラーメンに手を伸ばしました。すると今度は甘いものがほしくなって、コンビニで買った大きなケーキを食べ、しまいに気持ちが悪くなって「自分はダメな奴だ」と、とことん落ち込みました。

ちゃんとした、おいしい食事は、心の栄養にもなる

そこで思い出したのが、上司の連れていってくれた焼肉店。いい加減な食事をすると惨《みじ》めになり、おいしいものを食べると自己肯定感が上がることに気がついたのです。良質なものをとり入れると、体は自分が大切にされていると感じて元気になるのですね。翌日、新鮮な野菜でサラダをつくってみると、「おいしい！」と、気分はスッキリ。いやなことも忘れて、いいアイデアがどんどん出てくるようになるから不思議です。

「食事なんかどうでもいい」と、思っていると、人の気持ちはどんどんすさんでいってしまいます。一人でもおいしいものを食べて、豊かな気持ちで過ごしてください。

生活を変える②

トイレそうじを徹底的にする

◆トイレがきれいになると、心に自信が生まれる

「成功する経営者は、トイレのそうじをする」という経営哲学があります。「本当かな」と、思っていたのですが、実際にやってみると、思わぬ効果がありました。

最初は、アメリカの大学に通っていたとき。初めて一人暮らしをして、トイレそうじをしなければいけなくなりました。自分でそうじを始めたら、なんだかきれいになるのがうれしくて、一生懸命トイレそうじをするようになったのです。すると、それまで片づけもしなかった私が、部屋のそうじもしたくなりました。捨てられなかった書類も捨てられるようになり、汚かった部屋は、見違えるほどきれいになりました。

驚いたのは自分自身の変化です。トイレがきれいになると、なぜか自信が生まれました。積極的に発言し、つたない英語でも堂々と意見を言えるようになったのです。

トイレそうじをすると、頭の中までスッキリする

その後、帰国してしばらくは忙しい生活のなかでトイレそうじがいい加減になっていたのですが、ふと気がつき、また毎日ちゃんとトイレそうじをするようにしました。すると、それまでは忙しさに頭が混乱し、「ダメな奴」と、自分を罵倒《ばとう》する声が絶えず浮かんでいたのですが、トイレそうじをきちんとするようになったら、頭の中がしーんと静かになりました。おかげで仕事に集中し、成果もグンと上がったのです。

トイレそうじは、人がみたくないような汚いところと向きあうことです。そうじをすることで自分の弱点を受け入れるようになり、自己肯定感が上がるのかもしれません。

無理をしない

「いい子」を演じるのをやめる

◆「本音モード!」で、自分の本音を言葉にする

人のちょっとした表情で、気持ちを読みとってしまう人がいます。人には優劣の錯覚があり、周囲よりも自分が上だと思う傾向があるので、他人のネットワークとつながると、自分で自分の評価を下げてしまいます。また「嫌われたくない」と思って「いい子」を演じてしまい、相手の暗示にかかった状態になります。

そんなとき役立つのが、本音モード。心の中で「本音モード!」と叫ぶことによって、無意識に埋もれていた自分の本音を言葉にし、暗示を解くメソッドです。

かつて私のいた会社には、いつも理不尽な要求をしては叱りつける上司がいました。言葉に一貫性がなく、納得できないことばかりだったのですが、「君には期待してるよ」などと暗示をかけられていたので、私は上司の顔色をみてはビクビクしていました。

けれどもあるとき、あまりの理不尽さに耐えられなくなって、私は「本音モード！」と、心の中で叫びました。すると、口から「約束が違うので、あなたとは話したくありませんし」という言葉が出たのです。上司は怒って「約束なんてしていない」と言い返しましたが、私は「話したくない」を通し、上司といっさい口をきかなくなりました。

内心「クビになるのでは」と、ひやひやものでしたが、「クビにされても話したくない」と、自分の本音が言うので、そのままに。すると、上司が言っていた「おまえは社会経験がないダメな奴」などの暗示が、まったく見当違いだったことに気づきました。

やがて上司は私のことをほめるようになりましたが、近づくと暗示に戻されるので、すべて無視しました。するとしだいに、上司と適度な距離がとれるようになり、傷つけられることもなくなっていったのです。

◆本音モードになると、暗示が解けて本来の自分になれる

あるとき私は、この上司のことを友だちが話すのを聞いて、イラっとしました。不機嫌な顔をしたのに、友だちは気づきません。そこで、心の中で「本音モード！」と叫ぶ

と、口から「あいつの話をすると気分悪くなるからやめて」という言葉が出たのです。

すると彼は、「へえ、どうして？」と、食い下がります。私はイライラしながらも、「名前を聞くだけで気分悪くなるからやめて」と、きっぱり。それを聞いて、ようやく友だちは、「そんなに嫌いだったんだ」と、上司の話をやめてくれました。私の心の中には、「人を嫌ってはいけない」という暗示がありました。その暗示のせいで、「そいつは嫌いだから話題にするな」という本音が出なかったのです。友だちは、暗示など知らないので、本音を聞くまで、私の気持ちに気づかなかったというわけです。

ある会社員の男性は、忙しいのに上司から仕事を頼まれました。いつもは無理して受けていたのですが、あるとき「本音モード」で、冷静に「忙しいので、できません」と、言ったところ、上司は「そうか」と、あっさり自分でやりはじめたと言います。

また上司に「仕事が遅い」と言われ、本音モードで「大丈夫。予定より早く進んでいます」と答えたところ、仕事のやり方を評価してもらえるようになった人もいます。

本音モードにすると、「関係が断たれるのでは」と、怖くなることもあります。けれども、本音を言って終わるなら、自分にとって不要な相手。「自分から離れると、あなたは

いい子を演じることに疲れたら、頭の中で「本音モード！」と叫んで、自分をとり戻そう

ダメになる」という暗示をかけられているので、怖くて離れられないのです。

たとえば実家にいるときには朝も起きられず、母親に「一人暮らしなんてできっこない」と言われていた人が、一人で暮らしはじめてみると、早起きしてきちんと生活ができるようになることがあります。これも「母親から離れたらダメになる」という暗示をかけられていたのが原因なのです。

「本音モード」で生きるようになると、暗示から解き放たれて**自由**になります。人との距離を適度に保てるようになり、「本来の自分」を生きられるようになるでしょう。

大失敗してみる

もう怖いものなどなくなる

◆新品のカバンを、あえてみんなに触ってもらう

ある若い女性の話です。彼女はいつも、ファッション誌から抜け出したような、とてもおしゃれな服装をしていたのですが、自分に自信がなく、やりたい夢があるのに突き進むことができずにいました。

私は、彼女が最近持っている新しいピカピカのブランドバッグに気づきました。

「そのバッグを、友だちみんなに触ってもらったらどうですか」

すると彼女は、とっさに「いやです」と、言いましたが、「買ったばかりだし。なぜか、すごくいやなんですよね」と、首をかしげながら付け加えていました。

ところが驚いたことに、次に現れたとき、彼女は明るい顔をしていました。そして、「このバッグ、みんなに触ってもらいました」と、笑いながら話してくれたのです。おし

ゃれなブランドバッグだったので、友だちがみんなで喜んで、かわるがわる持って楽しんだそうです。

「一人に触らせたら、なんだか急にラクになりました」と、彼女は話しました。「なんだ、バカバカしい。今までこだわっていたのは、こんなものだったのかって」

実は、彼女はいつも、母親に「ものを大切にしなさい」「汚してはいけません」と、厳しく言われて育ったそうです。いつもきれいな服を着て、ピカピカの靴とバッグを持っているのは、母親を喜ばせること。だから、新品のバッグを他人に触らせるということは、彼女にとって、母親の期待を裏切る大失敗でしかなかったのです。

幼い頃から恐れていた「大失敗」を、あえて自分からしたことで、彼女は自由になりました。母親の期待とか、世間体などはたいしたことではないと思えるようになり、それよりも、たとえ失敗してもいいから、自分が本当にやりたいことをやりたいと思うようになったと言います。

その後、彼女は自分の夢を実現するための道を歩みはじめています。あえて失敗したことで、心から恐れが消え、やりたいことをやる自信が湧いてきたのですね。

思い出の品を捨てる

思い出にはいやな記憶もからまっている

◆古い物を捨てると、美しい記憶だけが残る

アメリカにいた頃、知り合いの博士から、こんな話を聞きました。博士のおじいさんはかつて日本軍の捕虜となり、日本軍を憎んでいたそうなのですが、数十年経った今では、「日本兵は戦友だ」と、思えるように変わったと言うのです。

記憶には美化という不思議な作用があります。私も昔、嫌っていた物理の先生への嫌悪が消え、なぜか「今あるのはあの先生のおかげ」と、思えるほどになっています。

なかなか美化できない記憶もあります。多くのケースをみていると、昔の物が家にたくさん残っている人ほど、いやな記憶が消えないことがわかってきました。記憶は物に条件づけられているので、物を捨てるとどんどん記憶は薄れます。すると不快な記憶が抜けていき、美しい記憶になっていきます。ところが、いつまでも物が残っていると、

からみついているいやな記憶もそのまま残ってしまうわけです。

人が物を捨てられないのは、物と一緒に記憶も失われるので、自分の一部が消えてしまうような気がするから。でも実際には、物を捨てて消えるのは、不快だった感覚です。いやな記憶が消えると、頭の中では「よくやってきたじゃん」という武勇伝だけが残るので、自己肯定感は上がっていきます。

なかには、過去の苦労を自分への戒《いまし》めとして残し、自己肯定感が上がりすぎないようにしている人もいるようです。けれども、何度も言うように、自己肯定感は高くなって悪いことはなにもありません。自分が「ダメな奴だ」と謙虚に思っていれば人から嫉妬されないというのは、間違い。自己肯定感が高いほうが、嫉妬も受けず、人に嫉妬することもなくなるのです。迷わず、自己肯定感を高めてください。

コツは「すべて捨てよう」と思うこと。一つ一つの品を迷っていると、物も、いやな記憶も捨てることはできません。「すべて捨てよう」と思って処分していると、過去の記憶に引きずられなくなるので、いらない物を廃棄できるようになります。必要な物は無意識にちゃんと選別できているので、安心してください。

近づかない・逃げる

つらい状況や不快な人をがまんしない

◆「近づかない!」と叫んで逃げる

私は「苦労は金を出してでも経験しろ」と言われ、それを真に受けて育ちました。そのため、友だちと同じような子どもらしい行動ができず、学校でみんながそうじをさぼっていても、一人そうじをして、いやがられました。おかげで、クラスの中ではいつも底辺2割の見下される存在。ほかの友だちのストレス処理の道具にされ、友だちから流れ込むストレスや怒りに、ただ耐えつづけていたのです。

こんな生活をしていれば、自己肯定感はどこまでも落ちていきます。抜け出すための方法は、一つしかありません。それは、がまんしないこと。今の状況がつらいと思ったら逃げ出し、不快な人には近づかないことです。

大人になって、小学生のときの不快なネットワークからは解放されましたが、ときになにかをきっかけにして、離れたはずのネットワークの感覚がよみがえることがあります。でも、思い出したり強い怒りを感じたりしてはいけません。再びネットワークにつながって底辺2割に戻り、ストレス処理をやらされてしまうからです。そんなときには、「近づかない！」と、心の中で叫んで、ネットワークから離れます。

この方法は、**いやな記憶がよみがえったときにとても有効**です。たとえば、失恋したとき。失恋直後には、相手を思い出しただけで胸が痛くなり、つらい思いにさいなまれます。でも、一般的にそうした強い感情の揺れは、2週間から2カ月で収まるもの。相手のことが浮かんだら、「近づかない！」と、心の中で叫んでください。

人はときに、わざわざつらいことを思い出そうとすることがあります。それは、脳内麻薬エンドルフィンが分泌《ぶんぴつ》されて気持ちよくなるから。ところが、これがクセになってしまうと、脳内麻薬依存になり、**エンドルフィンを分泌させるために、わざわざ不幸な体験をさせる相手を求める**ようになってしまいます。

エンドルフィンに依存しないで失恋を乗り越えるには、相手を思い出さないのが一番。「近づかない！」と叫べば、一瞬で心が相手から離れ、ラクになります。

コラム

星空を見上げて宮本武蔵の心境に

先に「○○さんってすげー」と言って、人を丸ごと尊敬するメソッドを紹介しましたが、実はこの考え方のもとには、宮本武蔵の「我以外皆我師《われいがいみなわがし》」という言葉があります。

武蔵は若い頃には暴力的で、向かってくる者を野獣のようになぎ倒していましたが、あるとき沢庵《たくあん》和尚に捕まり、高い木に吊るされます。そのとき、満天の星を眺めた武蔵は、己の存在の小ささを痛感し、すべての人に尊敬の念を抱くようになったといいます。それが、「我以外皆我師」です。吉川英治先生が『宮本武蔵』の本で書いています。

星空を眺めていると、自分がとても小さく感じられます。宇宙からみると人の存在はチリほどもないのに、毎日ささいなことでくよくよしている自分がバカバカしく思えたりします。

武蔵も星空をみながら、己の小ささを知りました。そして、「自分以外はみな尊敬すべき存在だ」と、感じたのです。

尊敬するとは、「ここはいいけど、ここは悪い」「私のほうがいい」と比較しないこと。ただ、いいところに注目するだけです。比較すると悪いところに目が行きますが、比較しなければすばらしいところだけを吸収できます。そして、尊敬する人と一体となり、同じ長所をもてるようになるのです。

都会ではなかなか満天の星はみられませんが、たまには星空を見上げ、人の存在の小ささを感じてみましょう。他人を尊敬し、長所を丸ごと吸収できるようになるといいですね。

第５章

「言葉」の処方箋――もう落ち込まずに生きやすくなる

ネガティブな言葉で
自分をダメにしていたのか。
どんな言葉を口にすれば、
自己肯定感を上げられるのかな。

大事なこと

言葉の力は大きいことを再認識しよう

◆「言葉」の処方箋で、なりたい自分になる

日本には言霊《ことだま》という言葉がありますが、言葉は人の心に強い影響を与えます。これまでお話ししてきた暗示は、まさにその言葉の力を利用したもの。たった一つの言葉が行動を制約したかと思えば、心を解き放って無限の可能性を開いてくれたり。言葉の力を駆使すれば、人生の大きな味方にすることができます。

ところが「私は暗示になんてかからない」と、言う人がいます。いわば「暗示にかからない」という暗示にかかっているタイプ。これでは、せっかくいい暗示で自分をいい方向に変えようとしても、なかなかうまくいきません。

この暗示を解くには、自分で人に暗示をかけて、言葉の力を実感するのがおすすめ。たとえば、友だちに「きれいになったね」とか「優しくしてくれてありがとう」と、つ

ぶやいてみましょう。「え？」と、怪訝《けげん》な顔をされるかもしれませんが、あなたの言葉の暗示にかかってしまうはず。本当にきれいになったり優しくなったりするので、きっとあなたも驚くでしょう。

こうした効果を目の当たりにすれば、「暗示にかからない」という暗示から抜け出すことができます。そうしたら、**言葉の力を使って、自分の思考をコントロールしましょう。**私はこれを、**思考のシフトチェンジ**だと考えています。

人の脳の働く部位はその時々で変化しますが、ふだん、私たちは無意識のうちに部位から部位にシフトさせています。「自分を暗示にかける」とは、これを意識的に行うこと。**シフトチェンジを意識的に行えば、「なりたい」と思う自分になることができる**のです。

「暗示」というと拒否反応を示す人もいますが、要は、自分の言葉で自分の脳をコントロールすることです。脳は手足のように自分で動かすことはできませんが、言葉によって思いどおりにコントロールすることができるのです。

それでは言葉の力を再認識したところで、その使い方を紹介しましょう。落ち込みやすかった自分を変えてくれる「言葉」の処方箋です。

禁句①

「だって」：言い訳から入っていない？

◆「なるほど」のひと言で、周囲の印象が変わる

「口ぐせ」には、人の無意識が隠れていることがあります。注意したいのは、その言葉が暗示になって自分の行動をしばったり、人に悪印象を与えたりすること。

たとえば、「だって」「だから」「ダメ」「ムダ」のような「ダ」のつく言葉や「でも」などを考えてみましょう。こうした言葉には、「相手の言葉を自分の基準で否定する」働きがあります。批判に対して「だって」と言い訳したり、「だけど」と言い返したり。

これらの言葉を使うと、人の意見を聞いて変わろうとする思考にブレーキがかかってしまうので、成長することができません。さらに相手からは、「人の言うことを聞かない」という悪感情をもたれて損をしてしまいます。

「やっぱり」「わかってます」という口ぐせも、禁句です。悪いことが起きると「やっぱ

り」とつぶやいたり、人から失敗を指摘されると「わかってます」と答えたり。これは、「自分はすべて予測していてすごいんだ」と、思う気持ちから生じる言葉。「自分はわかっているから相手よりも上」と、相手を見下す気持ちにもつながっています。人からアドバイスを受けたのに「わかってます」と言ってしまうと、だんだんアドバイスしてくれる人はいなくなります。自分でも、「わかっている」と思って失敗から目をそらすので、挫折から学ぶことができなくなって孤立していきます。

こんな「言い訳」の代わりになるのが、「なるほど」「そうなんですか」。会話の頭に添えるだけで、「素直になったね」と、周囲の印象は変わります。自分でも「人の意見をまず聞いてみよう」という柔軟な気持ちになれるので、成長にも結びつきます。

「～ですが」などの前置きが長い人も、要注意。「わかりにくいかもしれませんが」「たいしたことではないのですが」などの言い訳は、この人とは合わない、嫌われているかも、などの自分の緊張や不安の表れです。それを言うことで、相手にいやな顔をされたり、相手をイラッとさせるため、結果的に不安を現実化してしまいます。言い訳から始めることはやめて、ストレートに入るほうが効果的です。

禁句②

「私なんて」：謙遜しすぎて卑下している

◆ほめ言葉には素直に「ありがとう」と返す

「いい靴ですね」と、人からほめられたのに、「安物なんですけど」と、謙遜《けんそん》したら、会話が続かなくなって、「やっぱり俺はダメだ」と、自分を責めたことがあります。

日本では謙遜が美徳とされますが、「私なんて」と、自分を卑下しすぎると相手をシラけさせ、場を盛り下げて落ち込み、自己肯定感を下げる結果になってしまいます。

ほめられたとき謙遜するのは、相手の嫉妬が怖いからです。私も小さい頃、祖母に買ってもらったピカピカの青バットを自慢していたら、友だちにいきなり地面に打ちつけて傷つけられ、号泣した記憶があります。人は、他人からよくみられると、嫉妬の攻撃にあって傷つけられると思うので、反射的に謙遜するようになるのです。

でも実は、ほめたときに相手が自分を卑下してみせると、「謙虚であること」をみせつ

ほめられたら、謙遜せずに、素直に喜ぼう

けられたような気がして、ほめた側の心には嫉妬の発作が起こります。一方、ほめ言葉を素直に受け入れ、「ありがとう」と言ってもらうと、嫉妬の攻撃対象にはなりません。

また、ときに「ダメ人間だって叱られてさ」と、自分を卑下して相談する人がいますが、これもＮＧ。否定してほしい気持ちがわかるので、相手は、「そんなことないよ」と、励ましますが、「卑下する自分をみせつける姿」は、嫉妬の対象となってしまいます。

「私なんて」という口ぐせを捨て、人のほめ言葉は素直に「ありがとう」と、受けとりましょう。それだけで、嫉妬攻撃を免れ、自己肯定感はぐんと上がるものなのです。

禁句③

「どうせ」：投げやりな言葉は気持ちが下がる

◆不幸を弱点や運命のせいにする自分を変える

「どうせ私なんて」という口ぐせからは、「なにをしてもダメ」という投げやりな思いが伝わってきます。でも、この言葉の裏にあるのは、「ダメ」という感覚だけではありません。自分はもとから劣っていて、ダメなのはそのせい。本当は努力が足りないかもしれないのに、けっして認めようとはしないのです。できない理由はすべて「自分が劣っているせい」にして、人からの批判を避けているのです。

わざわざ人前でこの言葉を発するのは、人に同情してもらいたいから。周囲は「たいへんね」と、表面では同情しながら、投げやりな人間を最低ランクに位置づけるので、ますます惨《みじ》めな状況に追い込まれ、自己肯定感が落ちていきます。

この「どうせ」という口ぐせを「意外と」に変えてみると、意識が変わります。「意外と私」と、口にすると、**今の自分の弱点に視線が向かなくなります。**できないことを弱点のせいにしなくなるので、脳が「学習しよう」と活動を始めるのです。「意外と私、できるかも」とつぶやくうちに、「できる自分」が現実になっていくでしょう。

同じように投げやりな人の口ぐせに、「**いつもこうなの**」という言葉があります。失敗したり不運なできごとに出会ったりするたび「いつもこうなんだ」と思うことで、不幸な現実を受け入れているのです。でも実は、この口ぐせによって、すべての不幸を他人や運命のせいにして、**自分の行動の責任逃れをしている**ことに気づいていません。

「いつもこうなの」と、言う人は、「たいへんなのにえらいね」と、人にほめてほしいのです。認めてもらえなければ、もっと苦労を背負おうと、ますます悲惨な状況に足を踏み入れてしまいます。いわば、この口ぐせで、自分から不幸を招いているのです。

そんな状況から抜け出すには、「**私らしくいよう**」という言葉を使います。たとえば人からいやなことを押しつけられたとき、「私らしくいよう」と、唱えると、**「本当はいや」と思っている自分の姿がみえる**ので、きっぱりと断れます。「いつもこうなの」と、しぶしぶ受け入れることがなくなり、本当にしたいことだけができるようになります。

禁句④

「私はすばらしい!!」：ポジティブすぎて逆効果

◆ポジティブワードは、無理に使わない

ネガティブワードが自己肯定感を下げるといっても、ポジティブな言葉さえ口にすればいいというものではありません。

たとえば、「私はすばらしい！」などの言葉をくり返していると、一時的に気分は高揚するかもしれませんが、ポジティブすぎて違和感を覚えます。また、「がんばるぞ！」「できるんだ！」「いいね！」などと漠然とした言葉も、具体的な行動につながらず、言葉が空回りしがちです。こうした言葉を言いつづけていると、かえって反動で落ち込んだり、「自分じゃないみたい」と、拒否反応を感じたりするので、注意が必要です。

本来、自己肯定感の低い人は、ものごとを誠実に考えるまじめな人です。それなのに、気持ちが伴わないポジティブワードを突然口にするようになると、自分の発する言葉に

無責任になり、「適当でいいんだ」と、いい加減な気分になっていってしまいます。大事なのは、これまでお話ししてきたネガティブな「禁句」を封印すること。そのうえで、ときにポジティブな言葉で自分を励ましてみるといいでしょう。

ポジティブワードを使うときのコツは、「あえて」使っているという自覚をもつことです。「今日は疲れたから、あえてポジティブでいくぞ！」ぐらいの軽い気分で使ってみると、いつもよりちょっと元気になって、ちょうどいい効果が感じられるかもしれません。

すぐに効く呪文

「人の気持ちはわからない」：不安感が消える

◆本来の能力がラクに発揮できるようになる

自己肯定感の低い人は、人の気持ちが気になってしかたありません。「あんなことを言って、バカだと思われたかな」と、落ち込んだり、「なんであんなことをするんだろう」と、相手の意図を読もうと心の中で独り相撲したり。「周囲の期待を裏切ってはいけない」とがんばりすぎて、クタクタになってしまう人もいます。

実は「人の気持ちを読みとること」は、とても危険な行為です。なぜなら、相手の気持ちを考えはじめると、相手の脳のネットワークにつながってストレスが流れ込んでくるから。しかも、ストレスを解消しようとしても自分では他人を動かすことはできないので、ストレスはたまる一方です。

また、このような人は「自分は人の気持ちがわかる」と、思いがちですが、実際には

不安を消す即効呪文。不安になったとき、そっとつぶやいてみよう

人の気持ちが読めるわけではありません。思ったとおりになるのであれば、それは「見下されている」などの不安感をもってシミュレーションしているうちに、それが現実化されてしまっただけのこと。このように考えると、人の気持ちを読もうとすることには、なんのメリットもないのです。

そこで、「**人の気持ちはわからない**」という呪文を唱えてみましょう。**わからないのだから、いっさい考えることはやめる**のです。すると、今まで心の中にあった、もやもやした不安感が消えていることに気づくはず。集中力が高まり、本来の自分の能力がラクに発揮できるようになっているでしょう。

暗示を解く言葉

「意外と」：逆の暗示になる最適な言葉

◆逆暗示をかけて、自分をしばる暗示から解放される

新しいことを始めたいなと思っても、心の中で「時間がない」「疲れてるからできっこない」などと、自分に制約をつくってしまうことがあります。こんなふうに自分で自分を決めつけているのは、「自分にはできない」「きっと失敗する」という暗示の呪いが入っているから。暗示を解かないといけません。

暗示を解くには、暗示を入れた相手をほめることとお話ししました。でも、上手にほめられない、嘘をつくのは抵抗感がある、などでうまくいかない人も。暗示の呪いから解放されるには、逆の暗示を入れる、という方法があります。言葉の力で逆の暗示を自分にかけて、自分の枠をとり払ってしまいましょう。

逆の暗示をかけるには、以前お話しした「意外と」という言葉が効果的。「どうせ私

は」という口ぐせを「意外と私は」に変えただけで「できる自分」に変えられたのではありませんか？　それと同じように、「時間がない」と思ったら「意外と時間あるね！」、「疲れてる」と思ったら「意外と元気！」と、自分に声をかけてみるのです。すると、ないはずの時間がスケジュール帳にみえてくるし、疲れているはずだったのにアフターファイブに友だちとご飯に行く元気が湧いてきたり。暗示の呪いのせいでネガティブな理由づけにしばられていた自分を、自然に解放することができます。

この口ぐせは、自分の性格を変えることにも役立ちます。

以前、ご主人の性格に悩んだ奥様が、ご夫婦で相談に来られました。ご主人が口うるさくて困ると言うのです。ご主人は、「性格だから治らない」と不機嫌だったのですが、私は「意外と大らかだよね」という口ぐせを、ご主人に使ってもらうようにしました。するとしばらくして奥様から、「主人から文句を言われなくなりました！」という喜びのお電話をいただきました。「自分は口うるさい」という暗示を、「自分は大らかな人間」という逆暗示で、頭の中から追い出すことができたのです。ところで、口うるさいという暗示を入れたのは、誰だったのでしょうか。ちょっと気になりました。

暗示を解くには、自分で自分に逆の暗示をかけるとよい。最初は無理にでも「意外と私は」と言ううちに、暗示が入れ替わる

◆苦手意識も、言葉で消すことができる

もう一つ、効果的な逆暗示に「これが私を謙虚にしてくれる」というものがあります。

これは、思い込んでしまった苦手意識を消す言葉です。

たとえば私は人前で書類を書くと緊張し、銀行などで何度も書き損じて恥ずかしい思いをしていました。そこで「この苦手意識が私を謙虚にしてくれる」と、頭の中で唱えたところ、すっと一度で書くことができました。またある女性は、上司と話すときに緊張していたのですが、この言葉を唱えると緊張感から解放され、言いたいことがラクに話せるようになったと言います。

これは「苦手」の断定を、「謙虚」という言葉で解放できたから。**苦手と思い込むと、意識が苦手に集中して緊張します。ところが「謙虚」という言葉に置き換えたとたん、意識は苦手を離れて**「謙虚」に移り、自然に苦手意識が消えるのです。

このように逆暗示を使えば、自分をしばるさまざまな暗示から、ラクに自由になることができます。

言葉で自分を励ます

「よくやっている!」：自分が好きになれる

◆マジックワードで、ネガティブ思考を追い払う

「私はすばらしい!」など極端なポジティブワードは、使う人によっては空虚になるのであまりおすすめできませんが、ふだん口にするネガティブワードをポジティブワードに変えることは、とても大切です。

たとえば、「落ち着きがないなあ」と感じるときは、「動きながらだとアイデアが湧いてくる!」とか、「仕事がなかなか進まない」とイラだつときは、「慎重に進めているぞ!」など。これだけでもマイナス思考から抜け出すことはできますが、頭に浮かんだ言葉をいちいちプラス思考に変えるのは、ちょっとたいへんかもしれません。

そこで、いつでも使えるマジックワードが「よくやっている!」という言葉です。

自己肯定感が低いと、仕事を振り返って「ああすればよかった」と、いつまでもダメ

出しが止まりません。「ちくしょう！」などとつぶやきながら、ストレス解消のためにテレビやネット動画をダラダラみつづけ、睡眠不足でストレスが増したりします。

そこで「ちくしょう！」を、「よくやっている！」に変えてみてください。すると「確かに俺、よくやったかも！」と、自分を励ます気分になり、それ以上ストレスがたまらないので、仕事に集中できるようになります。

また、なんとなく自信がなくて「できそうもないな」と、不安に思うときには、「けっこうできるかも！」のマジックワードも効果的です。

私自身、大学で自信を失っていたとき、頭の中でダメ出しをする自分に気づき、あえて「けっこうできるかも！」と、つぶやいてみました。すると、頭の中で「できる自分」が描けるようになって、今までお手上げだった分厚い教科書もあきらめずに読めるようになり、レポートも根気強く書けるようになっていったのです。

マジックワードは、頭の中でつぶやくだけでも、一瞬でネガティブ思考を追い払うことができます。あなたのネガティブな口ぐせを、ぜひ二つのマジックワードに置き換えてみてください。

状況を転換するひと言

「責任感をなくそう」：そんなにがんばらなくていい

◆不要な責任感をとり払うと、悩まなくなる

電車の中でお年寄りが立っていると、「席を譲らなくちゃ」と思い、譲ろうとしては、「譲ったらかえって失礼かも」と、悩むことがあります。悩んでいるうちに隣の人が席を譲ったりすると、「自分がすぐに譲らなかったからだ」と、また落ち込んで、帰宅後も「いつも自分は、人の目ばかり気にしているダメな奴だ」と、くよくよ考えます。

これは、自分がその場の責任をすべて負っているように思い込んでいるのが原因。電車の中の人たちに責任を感じる必要はないのに、すべて自分のせいだと思ってしまうのです。この状況から脱却するためには、「責任感をなくそう！」という言葉が役立ちます。

この言葉をつぶやくと、自分にはなんの責任もないので、かえってすっと席を譲ることができ、断られてもさらりと受け流せるようになります。後で「ああすればよかった」

世の中で起こるあらゆることに責任を感じていない？　重すぎる責任感はおろそう

と、悩むこともありません。

会社の中でも、先輩が不機嫌だと「悪いことしたかな」と、不安になることがあります。こんなときも「責任感をなくそう！」とつぶやくと、自分のせいではないと感じて気がラクになります。そして「八つ当たりしてバカみたい」と、冷静に相手をみられるようになると、いつのまにか、逆に先輩が気をつかってくれて驚いたりします。

その場の状況に責任を感じるのは、あなたの思い込みでしかありません。「責任感をなくそう！」のひと言で、重苦しかった状況ががらりと変わります。

本音を言うには

「心よ」「私は」：まず本音をみつける

◆本来の自分にアクセスできる

「本当はね」と、人はよく口にしますが、意外に自分の本音がわかっている人は少ないものです。お話ししているように、知らないうちに呪いの暗示をかけられ、思考や行動をコントロールされているからです。

呪いの暗示から抜け出す方法を紹介しましょう。それは、「心よ！」と、自分の心に問いかけるメソッドです。まず、「心よ！　私と心の間に邪魔がある？」と、尋ねます。「ある」と答えるか、なにも答えない場合には、暗示にかかっている証拠です。そこで、「心よ！　誰が邪魔している？」と尋ねると、次の瞬間、誰かの顔が頭に浮かぶはず。ほんの一瞬でも浮かんだら、その人があなたの心に暗示をかけている張本人です。

浮かんだのが母親なら、「心よ！　母親からの邪魔を排除してください！」と、頼みます。「心よ！　排除できたら教えて！」と言って、「いいよ！」と返ってきたら、それでオーケー。何度かくり返した後、「排除できたよ！」という言葉が戻ってくれば、呪いの暗示から解放されたと考えられます。

「心よ！」と語りかけるのは、頭が暗示にかかっているから。「心」は、「お腹がすいた！」のような直接的な思考をしているので、よびかけると、一瞬暗示の解かれた自分にアクセスできるのです。こうして、邪魔している人を排除した後は、心になんでも質問し、本音の自分を引き出すことができます。

たとえば、自分が婚活パーティに出たいのに不安で二の足を踏んでいるとします。「心よ！　この不安は誰の感覚なの？」と尋ねると、母親の顔が浮かびます。母親の「娘が変な人と出会ったらどうしよう」という不安が、呪いの暗示となっているのです。そこで、「この不安を母親にお返しください！」と、心にお願いすると、不安は消えてしまいます。

あるとき、ふいに不安を感じた私は、「心よ！」と、問いかけてみました。すると母親の顔が浮かび、心は「無視すればいい」と、教えてくれました。でも私は、母親を無視することに、罪悪感を覚えたのです。そこで再び問いかけると、心は「その罪悪感こそお母さんから入れられている感覚だから、無視していいよ」と教えてくれました。「なるほど」と、不安も罪悪感も無視すると、なんだか不要なものを捨て去った、さっぱりした気分になり、自分が芯の通った一人前の人間になったような気がしました。

◆「偽物」を消して本音を浮かび上がらせる

将来への不安や心配があると、それがモヤのようにかかって本音をみえにくくしてしまい、決断を鈍らせることがあります。そんなときには、偽物を消すメソッドで偽の感情を消し、本音を浮かび上がらせます。

やり方は、不安を感じたら、その不安に「本当に求めているものを知っている？」と尋ねるだけ。好きな男性がいるのに、「この人で大丈夫？」という不安が湧いたとき、「あなたは本当に私が求めているものを知ってるの？」と聞くと、自分の求めているものなど知らない不安は、さっと姿を消してしまいます。「偽物」が消えた後には、あなたが本当に求めている人の姿だけが残り、心から好きな人とつきあえるようになります。

また、日本人は本音をストレートに伝えるのが下手ですが、「**私は**」と、主語を明確にして話すと**自分の本音に気づき、人に気持ちを明確に伝えることができます。**たとえば、話を聞いてほしいときに「なんで聞いてくれないの」と言うよりも、「私は話を聞いてもらえなくて寂しい」と言うほうが、気持ちが伝わります。「なんで嘘つくの」より「嘘をつかれて悲しい」のほうが、相手の心に届くでしょう。こうして本音をはっきり意識できるようになれば、暗示から解放されて自由に行動できるようになるはずです。

あの人と
つきあいたいな
浮気
されるかも
不安ちゃん
あなたは
本当に
自分が求めている
ものを知ってるの？
あ
消えた

自分を貶《おとし》めない言い方

「私のミスです」：ごめんなさいの代わりに

◆「ごめんなさい」は、自分を卑下して惨《みじ》めにする

日本人は、失敗するとすぐに「ごめんなさい」と、謝ります。また、謝ることが大事だと考えられています。

ところが、私がアメリカの大学のバレーボールチームにいたとき、ミスをして「ごめんなさい」と連発していたら、チームから冷たい目でみられるようになってしまいました。「謝ってばかりのダメな奴」と、見下されるようになってしまったのです。

聞けば、アメリカではミスをしたときに謝るのではなく、「Ｍｙ　Ｂａｄ」つまり「私のミスです」と素直に認めることが大事なのだとか。ミスをしたときに謝ると、「自分はみんなと同じようにはできないけど、仲間に入れてね」と自分を卑下する甘えのように感じられるというのです。

自分のミスだと潔く認めている感じになって、相手の受けとり方も変わってくる

そこで、私もミスをしたときに謝るのはやめて、代わりに「僕のミスだ！」と、はっきり言うことにしました。すると、友だちも励ましてくれるようになり、自己肯定感が上がってミスも減りました。

日本では「ごめんなさい」はいい言葉とされていますが、やはり「失敗を許してほしい」という卑屈な上下関係が生じてしまいます。それよりも、きっぱり「私のミスです」と責任を認め、自ら原因を探る姿勢をとったほうが、相手から見下されず、自己肯定感が下がることもありません。

じんわり効いてくる呪文

「みんなとつながっている」：一体感を得る

◆人とつながり、自己肯定感が上がってくる

大学のときの心理学の教授に、「人は、人とのつながりを感じることで変わることができる」という話を聞きました。当時はピンと来なかったのですが、あるとき、工事現場のアルバイトで、現場付近の交通整理をしているときに、こんなことがありました。

場所は、クリスマス近くの原宿。道行く若者はみんなおしゃれで、作業服姿の私は惨《みじ》めでした。「どうせ自分なんて、あいつらにとっては虫けら同然なんだ」と思ったとき、ふと教授の話が頭に。そこで試しに「みんなとつながっている」と、唱えてみたのです。すると不思議、道を歩く一人一人と目が合うようになりました。そして「あれ、この人たちも自分と同じように、悩んだり不安を感じたりしているんだ」という感覚が伝わり、一体感を覚えたのです。そうやって交通整理を続けると、声をかけなくても工事の場所

を避けて通ってくれるようになり、仕事もスムーズに進むようになりました。

その後、あるシャイな女の子が、「緊張して男の人と話ができない」と言うので、私は彼女に、「毎日１時間カフェに座って、周りの人たちの雰囲気を感じながら、『みんなとつながっている』って、唱えてごらん」と、すすめました。

彼女は、それから毎日自宅近くのスタバに行き、コーヒー１杯を注文して、壁際の席に座ったそうです。そして、口の中で小さく「みんなとつながっている」と、つぶやきながら、なんとなくカフェの中の人たちを眺めていたそうです。

ひと月もすると、彼女の表情は明るく、自信を増したようにみえました。「男の人と話すのがラクになったみたい」そう言った後で、「男の人だって、たいしたことないのにね。なんであんなに緊張していたのかな」と、笑っていたのが印象的でした。

どんなに周囲に人がいても、つながりを感じられなければ、人は孤独で惨めです。孤立していると感じると、なおさら人と接するときに緊張し、孤立を深めてしまいます。

孤独や疎外感を感じたら、試しに、「みんなとつながっている！」と、唱えてみてください。人との一体感を感じることで自信が生まれ、自己肯定感も上がってくるでしょう。

コラム

「自我防壁」で自分の心を守る

人は幼い頃、母親などにぎゅっと抱きしめられ、無条件に愛されることで、「ありのままの自分でいいんだ」という安心感をもちます。これが、自我を確立する基盤となります。

ところがこの安心感がないと、常にビクビクして人の気持ちを確かめずにいられません。他人の目から自分を評価し、批判が気になって自分にダメ出しをしつづけることになります。

こうした人の特徴は、人と自分との間の「壁」が低いこと。自分を守る自我の壁が低いので、人の不快感や否定的な評価が絶えず流れ込んできては、心が乱されてしまうのです。

そこで、「あの人はどう思っただろう」と、人の気持ちを考えそうになったり、「自分はダメな奴だ」と、否定的な気分になったら、「自我防壁」と、唱えてみましょう。

すると人との間に適切な壁が生まれます。人から流されていた不快な感情がシャットアウトされ、自分へのダメ出しもなくなるので、壁に守られた頭の中はしんと静まるでしょう。

「壁ができたら孤独にならない？」と、心配になるのは、あなたを引きずり込んで利用したい他人の暗示。人は適切な壁があって初めて本来の自分を保ち、人といい関係が築けるのです。

「自我防壁」と唱えて適切な壁ができると、心に自信が満ちてきます。不快な感情を流していた人は離れ、自分を高めてくれる人とのいいつながりが広がっていくでしょう。

第6章

ほどほどの自分を好きになれば、いいことがいっぱい

処方箋のおかげで、
自己肯定感が少し上がったみたい。
気持ちがラクになったし、
もう、自分が嫌いじゃない。

気分も体調もいいし、私ってモテる!?

ありがとうございます！
では
会議
終わりまーす
ガタ
ガタ
片づけ
手伝って
もらえる？
ごめんね
いつも
やってくれてたよね

私
よくやってるよね
コツ
コツ
ただいまー
カチャ
おかえりー
お母さん
バリ
バリ

お母さんって
なんか
いいよね
ウフフ♥
そ〜お?
なんか
みんなとつながっている
気がする
疲れも感じない〜♪
体調もいいし!
ピコン
あっ この間の合コンで
ちょっと気になってた人だ
△△○○○
今度、2人で
会いませんか?
うれし〜!!
ウフ♥
私ってモテる!!
OK!!

いいこと①

批判しないで、人の成功を喜べる

◆怒りやねたみから解放される

これまで自己肯定感が低い自分とどうつきあうかをお話ししてきましたが、少しは自分が変わったと思われますか？　自己肯定感が上がってなによりもうれしいのは、心の中で人を批判したり、人の成功をねたんで苦しんだりしなくなることかもしれません。

自己肯定感が低い人は、「自分はダメだからがんばらないと受け入れてもらえない」という卑屈な思いから、人に認めてもらおうと努力します。それなのに、自分が十分評価されていないと感じると、「なんで認めてもらえないんだ！」と、相手を責めます。

社会でルールを守らない人がいれば、「自分は守っているのに、あいつはなんで守らないんだ！」と、スーパーマンのように正義を振りかざし、人を批判します。また、嫉妬の暗示にかかっているので、人が自分より認められると嫉妬の発作が生じ、悪口を言っ

人の成功が自分のことのようにうれしく感じられるなら、自己肯定感が高まってきたのかも
やった!!

たり人を陥れたりするなどの破壊的行動に出て、ますます孤独になっていきます。

自己肯定感が上がって自信がもてるようになると、「私は私」と思うようになり、他人のすることが気にならなくなります。 人を批判することもなくなり、人からの評価に一喜一憂することもなくなります。

暗示から解放されるので、他人が評価されても嫉妬の発作に悩むことはありません。むしろ人とのつながりを感じて一体感が得られるので、人が成功すると自分も成功したような気分になり、一緒に幸せに浸ることができます。

いいこと②

自分も周囲の人も幸せになれる

◆他人の幸せで、みんなの幸福感が高まっていく

私は小さい頃、親の顔色ばかり気にしていたので、大きくなって友だちといても「自分といて楽しいのだろうか」などと、友だちの顔色ばかりうかがっていました。自分が楽しむことよりも、人の気分ばかりが気になっていたのです。

けれども人は、自分の顔色ばかり気にされるよりも、心から楽しんでいる人と一緒にいるほうが、数倍楽しめるものです。それと同じように、自己肯定感が高い人と一緒にいると、周囲も自然と楽しい気分になり、どんどん幸せになっていきます。

自己肯定感の高い人といると、誰でも「自分もあんなふうになりたい」と思うようになります。脳が自然にまねをしていくので、一緒にいるとどんどん自己肯定感が上がり、みんなが一緒に幸せになっていく感覚があります。

古い脳のネットワークを離れ、自己肯定感の高い人と新しいネットワークをつくろう

また、自己肯定感の高い人は、他人の成功を一緒に喜ぶことができます。喜んでもらった人はさらに喜びを感じられるので、うれしさが倍増します。自己肯定感の低い人たちが嫉妬で足をひっぱりあっているのとは逆に、自己肯定感の高い人たちは他人の成功のおかげで、どんどんみんなが幸せになっていくのですね。

振り返ると、かつて私が底辺2割で見下されていた頃の孤独感は幻想だったことがよくわかります。古い脳のネットワークを遮断《しゃだん》すれば孤独感は消滅します。そして自分を高めてくれるネットワークと一体になって、安心感を得ることができるのです。

いいこと③

自然体で好きなことができる

◆熱中するほど周囲の評価も高まる

大学時代、マークという先輩がいました。とくに後輩を気づかったり面倒見がいいわけではないのに、彼にはどこかカリスマ性がありました。みんな彼が大好きで、尊敬していたのです。普通なら校則を破ると告げ口されて退学になるのに、彼が校則違反をしても、誰も告げ口する人はいませんでした。

私も彼の魅力に引かれましたが、このカリスマ性がどこから来るのか不思議でした。気づいたのは、彼は「本当に好きなことを自然にやっているだけ」ということでした。

人は好きなことをやっていても、「どう思われるだろう」などと、人目が気になるものです。ところがマークにはそれがありません。好きなことに夢中になっている彼をみて、友だちはみんな彼のことが好きになり、自然に協力するようになったのです。

自分が好きなことなら、人の目など気にせず、熱中しよう。そのほうが人から嫉妬されない

自己肯定感の高い人は人目が気にならないので、自分の好きなことに熱中することができます。人を気にすると嫉妬の攻撃対象になりますが、好きなことをしているだけなので、誰からも嫉妬されません。

私自身、人に気をつかってなにかをしていたときは「ほめてもらえない」と不満がたまり、人からの嫉妬攻撃でイライラしていました。ところが自分の好きな研究に没頭すると人の評価が気にならなくなり、嫉妬を受けなくなったのです。近づいてくる人も魅力的な人ばかりになり、ますます好きなことに熱中できるようになりました。

いいこと④

自己肯定感を気にしなくなる

◆自分のことを「好き」だと思えるようになる

「自己肯定感が上がると、自己肯定感が気にならなくなる」

こんなふうに言うと、まるで禅問答のようですね。でも実際、自己肯定感が上がった人は、「自分の自己肯定感が高いのか、低いのか」など、いっさい気にならない世界に入ってしまいます。

自己肯定感の高い人は嫉妬の対象にならないので、人から嫉妬攻撃を受けることはありません。人からの評価は高くなりますが、自分で評価を気にすることもありません。ただ好きなことに熱中し、周りの人たちと一体となることで安心感を得ます。呪いの暗示から解放されるので本来の自分に戻っていますが、だからといってなにかがはっきり変わったわけではないので、自分では気づかないことさえあります。

もう鏡をみるのも平気。自己肯定感の低い自分と上手につきあうには、自己肯定感を気にしないことなのかも

もっとも変化を感じるのは、周囲の自分に対する態度でしょう。

自分に高圧的だった上司や先輩、周囲の人たちが自分を見下さなくなり、尊重して意見を聞くようになったりします。自分に不快なストレスを送っていた人は離れていき、すてきな人たちが集まってきて、自分を高めるネットワークができていきます。

もしかしたらふと、「あれ、自分へのダメ出しがなくなったな」と、感じるようになるかもしれません。そして、**自分のことを前よりずっと「好き」と言える自分に気づき、誇らしく思えることでしょう。**

さくいん

さくいん

あ

か

●著者

大嶋信頼（おおしま・のぶより）

心理カウンセラー。株式会社インサイト・カウンセリング代表取締役。米国・私立アズベリー大学心理学部卒。ブリーフ・セラピーのFAP療法（Free from Anxiety Program）を開発。トラウマのほかにも多くの症例に効果をあげている。アルコール依存専門病院、周愛利田クリニックに勤務しつつ東京都精神医学総合研究所の研修生、嗜癖問題臨床研究所付属原宿相談室非常勤職員として依存症への対応を学ぶ。同室長を経て、株式会社アイエフエフ代表取締役を務め、現職。カウンセリング暦26年。主な著書に『支配されちゃう人たち』『見ない、聞かない、反省しない——なぜかうまくいく人の秘密』（青山ライフ出版）、『「いつも誰かに振り回される」が一瞬で変わる方法』『消したくても消せない嫉妬・劣等感を一瞬で消す方法』（すばる舎）、小説『睡眠ガール』（清流出版）など多数。

●スタッフ

編集協力／浦野牧子、オフィス201
デザイン／バラスタジオ
漫画・イラスト／成瀬　瞳
校正／渡邉郁夫
編集担当／山路和彦（ナツメ出版企画）

ナツメ社Webサイト
http://www.natsume.co.jp
書籍の最新情報（正誤情報を含む）はナツメ社Webサイトをご覧ください。

自《じ》己《こ》肯《こう》定《てい》感《かん》が低《ひく》い自《じ》分《ぶん》と上手《じょうず》につきあう処《しょ》方《ほう》箋《せん》

2019年11月1日　初版発行

著　者　大嶋信頼《おおしまのぶより》
発行者　田村正隆

発行所　株式会社ナツメ社
東京都千代田区神田神保町1-52 ナツメ社ビル1F（〒101-0051）
電話　03（3291）1257（代表）　FAX　03（3291）5761
振替　00130-1-58661
制作　ナツメ出版企画株式会社
東京都千代田区神田神保町1-52 ナツメ社ビル3F（〒101-0051）
電話　03（3295）3921（代表）
印刷所　ラン印刷社

ISBN978-4-8163-6726-7
Printed in Japan

本書に関するお問い合わせは、上記、ナツメ出版企画株式会社までお願いいたします。

〈定価はカバーに表示してあります〉〈落丁・乱丁本はお取り替えします〉